Am 9. September 1881 in einem kleinen Dorf hoch oben in den Schweizer Bergen: Die siebenjährige Katharina wird zusammen mit ihrem jüngeren Bruder zur Großmutter geschickt. Dort soll sie die nächsten Tage verbringen, bis die Mutter ihr sechstes Kind zur Welt gebracht hat. Tage, in denen das Mädchen seine Angst zu bekämpfen und Ordnung in seine wirren Gedanken zu bringen versucht. Tage, in denen sich am Berg die Katastrophe anbahnt ... »Eine Meisternovelle, wunderschön gegen den aktuellen Zeitgeist gebürstet.« (Rudolf Blum in ›Radio‹)

Franz Hohler, am 1. März 1943 in Biel geboren, lebt als Kabarettist und Schriftsteller in Zürich. Er ist mit seinen Einmannprogrammen auf der Bühne und im Fernsehen berühmt geworden, hat Schallplatten aufgenommen, Theaterstücke, Gedichte und Erzählungen geschrieben und wurde mit zahlreichen Preisen ausgezeichnet.

Franz Hohler

Die Steinflut

Eine Novelle

Deutscher Taschenbuch Verlag

Von Franz Hohler
sind im Deutschen Taschenbuch Verlag erschienen:
Die blaue Amsel (12558)
Der Riese und die Erdbeerkonfitüre (62021)
Der große Zwerg (62139)

Ungekürzte Ausgabe
Februar 2000
4. Auflage September 2003
Deutscher Taschenbuch Verlag GmbH & Co. KG, München
www.dtv.de
© 1998 Luchterhand Literaturverlag GmbH, München
Umschlagkonzept: Balk & Brumshagen
Umschlagbild: ›Avalanche in the Alps‹ (1803)
von Philippe Jacques de Loutherbourg
Gesamtherstellung: Druckerei C. H. Beck, Nördlingen
Gedruckt auf säurefreiem, chlorfrei gebleichtem Papier
Printed in Germany · ISBN 3-423-12735-X

1

Als die siebenjährige Katharina Disch mit ihrem vierjährigen Bruder Kaspar am Freitag, dem 9. September 1881 das Haus ihrer Großmutter betrat, wußte sie nicht, daß sie erst wieder bei ihrer Hochzeit von hier weggehen würde.

Ihr Vater hatte sie für ein paar Tage weggeschickt, weil die Geburt eines Kindes bevorstand, und ohne Widerspruch hatte Katharina das Bündelchen mit den beiden Nachtgewändern und etwas Leibwäsche, das ihre älteste Schwester Anna bereitgemacht hatte, genommen, hatte noch ihre Holzpuppe Lisi so hineingesteckt, daß sie mit dem Kopf herausschaute, und war dann mit Kaspar an der Hand aufgebrochen. Sie war froh, daß sie nicht daheim bleiben mußte.

Wie verändert war ihr die Mutter beim Abschied vorgekommen! Sie lag im Schlafzimmer im oberen Stock, ihre Haare, die sie sonst immer aufgesteckt hatte, waren offen über das Kissen ausgebreitet und hingen sogar über den Bettrand hinunter, sie war bleich und schwitzte, von Zeit zu Zeit preßte sie die Lippen zusammen, kniff die Augen zu und drückte mit beiden Händen auf die Bettdecke, unter der sich ihr Bauch wölbte. Katharina wollte ihr nur schnell von der Türschwelle aus auf Wiedersehn sagen, aber die Mutter winkte sie zu sich heran, strich ihr mit ihrer Hand, die ganz kalt war, über die Haare und sagte leise, sie solle die Großmutter grüßen, und sobald ihr neues Geschwisterchen da sei, werde sie jemanden schicken. Dann drehte sie sich tief einatmend zur Seite, griff in die Schublade des Nachttischchens, holte einige gedörrte Zwetschgen heraus und gab sie ihrer Tochter mit, »für unterwegs, für dich und Kaspar«, fügte sie hinzu und versuchte zu lächeln. Katharina steckte sie schnell in die Tasche ihrer Schürze, blieb stumm stehen und suchte immer noch mit den Augen die Mutter, die sie kannte und die derjenigen, die dalag, so wenig glich. »Muesch ke Angscht ha«, flüsterte ihr die Frau aus dem Bett zu, legte sich wieder auf den Rücken und schloß ihre Augen.

Lautlos schlich sich Katharina aus dem Zimmer und sprang dann die Treppe hinunter in die Wirtsstube, wo Kaspar, schon im Regenschutz, mit seinem älteren Bruder Jakob kreischend um die leeren Tische herumrannte, während Anna mit Gläsern und Tellern am Spültrog stand. Als Katharina ihre Pelerine anzog, die über einem Stuhl bereit hing, schmiegte sich die Katze an ihre Beine und schaute laut schnurrend zu ihr hinauf. Katharina hob sie hoch, wiegte sie in ihren Armen und fragte sie, ob sie mitkommen wolle. Dann warf sie das Tier auf den Boden der Gaststube, nahm den Kleinen entschlossen an der Hand und sagte ihren Geschwistern Jakob und Anna ade. »Grüß das Grosi!« rief ihr Anna nach, und nun traten die beiden Kinder aus der Tür des Wirtshauses »Zur Meur« in den trüben Nachmittag hinaus. Die Katze folgte ihnen ein paar Schritte und blieb dann miauend stehen, den Schwanz steil in die Höhe gerichtet. Als sich Katharina nach ihrem Vater umschaute, der eben noch dagewesen war, sah sie ihn etwas weiter oben vor dem Heustadel stehen, der zu ihrer Wiese gehörte. Er hatte eine Sense in der Hand, mit dem Stiel nach unten, und winkte den Kindern zum Abschied zu, da kam Katharina in den Sinn, daß er gesagt hatte, er wolle dengeln gehen.

Das Mädchen blickte zum Abhang hoch, zur »Bleiggen«, wo der Hof ihrer Großmutter lag, obwohl es wußte, daß er von hier aus nicht zu sehen war. Der Weg, der hinter dem Dorf den Hang hinauf ging, verschwand in den Wolken, als führte er geradewegs in den Himmel. Kaum hatten sie ein paar Schritte gemacht, erschütterte ein Krachen die Luft, und Kaspar, der sich vor Gewittern fürchtete, blickte ängstlich zur Schwester.

»Will umkehren«, sagte er und blieb stehen.

Seine Schwester beruhigte ihn. »Das ist kein Gewitter«, sagte sie, »nur ein Felsblock«, und zog ihn weiter.

Katharinas Elternhaus lag am östlichen Dorfausgang von Elm, dem hintersten Dorf im Glarner Sernftal. Der Ortsteil hieß Untertal, und wenn Katharina zur Schule oder zur Kirche ging, mußte sie über die eiserne Brücke unterhalb des Dorfes. Wenn man nicht über einen der Pässe oder auf eine der Alpen auf ihrer Seite wollte, führte eigentlich jeder Weg zuerst über die eiserne Brücke, und von dort ging auch der Pfad zur »Bleiggen« hoch. Katharina war das recht so. Sie wollte möglichst rasch vom Plattenberg weg, der sich hinter der »Meur« erhob, denn aus seiner Wand waren in der letzten Zeit immer wieder Steinbrocken heruntergestürzt. In der Wirtsstube ihrer Eltern wurde kaum mehr von etwas anderem gesprochen. Unten am Plattenberg grub man nach Schiefer, und oft kehrten die Männer, die dort arbeiteten, in der »Meur« ein. Katharina saß gern in der Ecke der Gaststube, neben dem großen Ofen, schrieb Buchstaben und Zahlen auf ihre Schiefertafel und hörte zu, was geredet wurde. Anna, die schon sechzehn war, servierte, und hinter dem Buffet, wo die Getränke eingeschenkt wurden, stand entweder ihre Mutter oder ihr Vater. Da sie auch einen Bauernbetrieb hatten, war die Mutter häufiger da als der Vater. Jetzt, wo noch ein Säugling dazukam, würde wohl ihre Schwester Regula aushelfen müssen, die zwölf war, oder auch Jakob, der war dreizehn. Aber die Männer hatten lieber, wenn ihnen Mädchen die Getränke hinstellten. Vielleicht, dachte Katharina, geht Anna hinter das Buffet, und Regula serviert. Der Vater würde bestimmt nicht viel Zeit haben, und er hatte auch schon gesagt, das Kind käme im dümmsten Augenblick. Er sollte noch emden und kam, wie die meisten Bauern, nicht dazu, weil es schon so lange regnete. Alle warteten auf besseres Wetter.

Katharina verstand auch nicht, weshalb das Kind ausgerechnet jetzt kam. Genau genommen wußte sie überhaupt nicht, woran es lag, daß eine Frau ein Kind bekam. Es gehörte ein Mann dazu, soviel stand fest, das war ja bei den Tieren auch so, und sie dachte daran, wie sich Rhyners Stier diesen Sommer brüllend auf Vaters Kuh gestürzt hatte, als man ihn zu ihr ließ, aber daß sich Vater auf diese Weise an Mutter heranmachte, konnte ja im Ernst nicht sein, und da müßte Katharina auch etwas gehört haben, von einem solchen Gebrüll, denn sie schlief mit Kaspar, Regula und Jakob neben dem Zimmer der Eltern. Auf einmal entdeckte sie eine schmerzliche Lücke in dem, was sie über das Leben wußte, und sie nahm sich vor, Anna zu fragen, wenn sie wieder zu Hause wäre. Anna war schon eine Frau, und die wußte sicher Bescheid über die Männer, denn da gab es einen, der kehrte nur wegen ihr ein, ein Schieferarbeiter, er wohnte auch in der »Bleiggen«, im hinteren Hof, Hans-Kaspar hieß er, und kürzlich, als Katharina beim Eindunkeln zur alten Elsbeth geschickt wurde, um Eier zu holen, hatte sie gesehen, wie sich die beiden hinter dem Haus küßten. Und wenn nun, dachte Katharina, wenn nun so ein Kuß dazu führt, daß es ein Kind gibt? Dann bekäme vielleicht Anna auch eins. Aber das ging ja gar nicht, denn sie war noch ledig, und damit man ein Kind bekam, mußte man verheiratet sein. Sie mußte ihre Schwester unbedingt danach fragen. Oder sollte sie beim Grosi Auskunft holen? Nein, lieber nicht. Die Großmutter war zwar lieb zu ihr und gab ihr manchmal ein Stück Zucker, aber auf die Frage, warum Großvater gestorben sei, hatte sie gesagt, an einem Kropf, und auf Katharinas nächste Frage, wie man denn an einem Kropf sterbe, hatte sie zur Antwort gegeben, dafür sei sie noch zu klein. Dieser Satz war Katharina zuwider, und sie wollte ihn nicht noch einmal hören.

»Kathrinli! Kasper!« Über die eiserne Brücke, welche die beiden jetzt erreicht hatten, kam ihnen ihre Schwester Regula entgegen.

»Die Verena kommt heute zur Mutter«, sagte sie. Man hatte sie ausgeschickt, die Hebamme zu holen, die in der Müsliweid wohnte, nahe dem Dorfausgang. Seit die alte Maria aus Steinibach gestorben war, ließ man für die Geburten Verena Elmer kommen, obwohl sie ziemlich jung war, sie hatte einen Buben, der noch nicht zur Schule ging. Ihr Mann kam oft in die »Meur«, Katharina kannte ihn, er war Bergführer, und im Herbst erzählte er immer von der Gemsjagd, aber sie fand seine Geschichten meistens übertrieben und dachte bei sich, vielleicht ist etwa die Hälfte davon wahr. Die Verena kannte sie weniger gut, Frauen kehrten kaum in der Wirtschaft ein. Aber sie hatte ihren Zopf immer mit einem roten Bändel zusammengebunden, und das gefiel Katharina. Wieso wohl Frauen nicht in die Wirtsstube kamen? Hebammengeschichten hätten Katharina viel mehr interessiert als Gemsjägergeschwätz.

»Am Sonntag gibt es eine Taufe«, sagte Regula, »ich habe das Kind gesehen.«

»Wo?« fragte Katharina.

»Bei der Kleophea in den Müslihäusern.«

»Und wie sieht es aus?« fragte Katharina.

Regula lachte. »Winzig«, sagte sie, »winzig klein, fast wie eine Puppe.«

»Bub oder Mädchen?« fragte Katharina weiter.

»Bub«, sagte Regula.

»So klein?« fragte Kaspar. Er hatte Katharinas Lisi hervorgezogen.

Regula lachte noch mehr. »Kannst denken«, sagte sie, »soo klein«, und sie zeigte mit den Händen das Maß des Säuglings.

Kaspar war enttäuscht. Zuerst hatte sie gesagt, wie eine Puppe, und nun war es gar nicht wahr.

Katharina nahm ihm die Puppe weg und steckte sie wieder in das Bündelchen. »Gell, die Verena ist gut?« fragte sie ihre Schwester.

»Gewiß«, sagte diese, »die hat Kraft. Die zieht sogar Kinder mit den Füßen voran aus dem Bauch.«

»Wir gehen jetzt«, sagte Katharina und nahm ihren kleinen Bruder an der Hand, »ade.«

»Ade zusammen«, sagte Regula und setzte ihren Rückweg fort.

Katharina ging mit Kaspar über die eiserne Brücke. In der Mitte blieb sie stehen und schaute zwischen dem Geländer auf den Sernf, der unten durchfloß. Vom vielen Regen hatte er hohe braune Wellen, es fehlte nicht viel, und er würde überlaufen. An seinem Grund hörte sie die Steine rumpeln. Oder kam das Geräusch vom Plattenberg? Es war nicht nur ein Rumpeln, es war auch ein Rieseln.

»Will weiter«, sagte Kaspar und zog sie an der Hand.

»Nein, wart doch«, sagte Katharina, »hörst du die Steine rumpeln am Boden des Bachs?«

»Komm«, sagte Kaspar und zog stärker.

»Brauchst keine Angst zu haben«, sagte seine Schwester, »die Brücke hält.« Gerade trieb ein Erlenbusch unter ihnen hindurch und tanzte talwärts, an den Kartoffeläckern und den Pflanzgärten vorbei, auf denen einzelne Menschen gebückt umhergingen, den Weiden und Sträuchern entgegen, zwischen denen der Bach verschwand.

Gerne hätte Katharina gewartet, bis der Busch nicht mehr zu sehen gewesen wäre, aber die Furcht ihres Bruders war stärker.

»Angsthase«, murmelte Katharina, als sie mit dem Kleinen weiterging.

Ein Pferd wieherte so stark, daß sie erschrak. In der Schmitte gleich neben dem Bach nagelte der Schmied einem Roß neue Hufeisen an. Kaspar, der sich wieder sicherer fühlte, blieb stehen und wollte zuschauen. Der Schmied, ein breitschultriger Mann in einer schwarzen Schürze, drehte seinen geröteten Kopf einen Moment lang zu ihnen und lachte den beiden zu. Bei ihm stand der Kutscher der Pferdepost in einer blauen Bluse und einem Strohhut und hielt das Pferd am Zaumzeug fest.

»Ruhig, Hassan«, sagte er zu ihm, »nur ruhig – nicht daß du mir am Sonntag mit den Engländern in den Bach fällst.« Der Schmied nickte und hämmerte weiter, das Pferd hörte nicht auf zu wiehern, und der Kutscher fuhr fort, besänftigend auf das Tier einzusprechen.

Kaspar wollte wissen, warum der Mann dem Roß auf den Fuß haue, und Katharina sagte ihm, ohne Hufeisen könnten die Pferde nicht laufen.

»So, Kinder, soll ich euch auch eins an den Fuß nageln?« rief der Schmied herüber und schwenkte mit einer Zange ein dampfendes Hufeisen. Dazu grinste er, und der Kutscher bleckte seine gelben Zähne.

Kaspar lief erschrocken davon, der Landstraße zu, und seine Schwester folgte ihm schnell. Die Erwachsenen machten gern solche Späße, und Katharina haßte sie dafür. In der Wirtsstube hatte sie schon oft betrunkene Männer gesehen, und in diesem Zustand traute sie ihnen alles zu, sogar daß sie einem Kind ein Hufeisen an die Fersen nageln würden, warum nicht.

2

Wäre Katharina unterwegs zur Schule gewesen, wäre sie auf der Landstraße nach links abgebogen, ins Dorf, aber nun schlug sie den Weg nach rechts ein, auf dem in der Ferne ein hoch beladenes Fuhrwerk talauswärts holperte.

Die Schule hatte erst diese Woche wieder begonnen, vorher waren die großen Sommerferien. Lehrer Wyss unterrichtete die erste bis vierte Klasse, und Katharina besuchte die zweite Klasse. Gewöhnlich waren am Morgen die Dritt- und Viertkläßler dran, und am Nachmittag die erste und die zweite Klasse, außer am Freitag, da war es umgekehrt. Gemeinsam mit den Großen hatten sie nur Heimatkunde und Singen, am Dienstag und am Samstag, denn alle vier Klassen zusammen fanden kaum Platz im Schulzimmer, in eine Schulbank für zwei mußten sich drei hineindrücken, und dann standen immer noch ein paar Kinder an den Wänden.

Heute vormittag hatte Katharina dem Lehrer gesagt, daß sie zu ihrer Großmutter mußte, wegen der Geburt, und daß sie am Montag wiederkomme. Der Lehrer hatte nur genickt und »Alles Gute« gebrummt. Ihm war es, so schien es Katharina, ziemlich gleichgültig, wer zur Schule kam und wer nicht. Wer zu Hause helfen mußte, konnte sowieso jederzeit wegbleiben. Während des Emdens waren die Klassen manchmal nur noch halb so groß, wie beim Heuet auch. Darauf freute sich Katharina, sie hoffte, daß sie dann der Lehrer öfters aufrufen würde. Sie langweilte sich im Unterricht, der ihr viel zu langsam vorwärts ging. Alles, was die Zweitkläßler können mußten, hatte sie schon in der ersten Klasse gelernt, sie kannte alle Buchstaben, konnte jedes Wort lesen, und auch mit den Zahlen hatte sie keine Mühe. In der ersten Klasse lernte man zusammenzählen, in der zweiten abziehen, in der dritten vermehren, in der vierten teilen. Katharina verstand nicht, wieso man zusammenzählen und abziehen nicht gleichzeitig lernte. Wenn zwei und drei fünf gab, dann gab fünf weniger drei zwei, das war doch klar.

Anna Elmer, die neben ihr saß, hatte das noch immer nicht begriffen, obwohl sie auch eine Zweitkläßlerin war. Manchmal mußten sich die zwei, die in der selben Bank saßen, gegenseitig abfragen, und heute morgen hatte Anna Elmer Katharina gefragt, wieviel fünf und eins gebe, und Katharina hatte gesagt sechs, und dann hatte Katharina Anna gefragt, wieviel sechs weniger fünf gebe, und Anna hatte es nicht gewußt und war sogar wütend geworden, als Katharina gesagt hatte, eins. Sie hatte sie angezischt, sie könne ruhig etwas länger warten, bis sie fertig nachgedacht habe, doch für Katharina war es unbegreiflich, daß jemand, der wußte, daß fünf und eins sechs gibt, nicht auch weiß, daß sechs weniger fünf eins gibt. Aber vielleicht wußte Anna nicht einmal, daß fünf und eins sechs gab. Katharina hatte sich noch überlegt, ob sie Anna zuerst fragen wolle, wieviel sechs weniger eins gibt, das wäre einfacher gewesen, aber sie fand es dann klüger, zu schweigen. Anna hatte sie schon einmal an den Haaren gerissen, als ihr Katharina das Wort »Herbst« vorgelesen hatte, das Anna einfach nicht buchstabieren konnte, sie hatte gemeint, es heiße »Erbs«. Sollte sie halt dumm bleiben, wenn sie sich von ihr nicht helfen lassen wollte.

Jakob hatte Katharina auch das Vermehren schon beigebracht. Dreimal zwei Kinder gab sechs Kinder. Mit dem neuen Kind wären sie jetzt dann sechs Kinder,

Anna und Regula, Jakob und sie selbst, Kaspar und das neue, macht sechs. Und wenn man sechs Kinder durch zwei Kinder teilte, dann – das war ihr noch nicht ganz klar, wie man Kinder durch Kinder teilte, aber das kam ja auch erst in der vierten Klasse.

Katharina hörte Rufe und Schreie und sah, daß eine Gruppe von Kindern zwischen dem Schützenhaus und dem Brunnen Blindekuh spielte. Sie ging näher und blieb mit Kaspar am Straßenrand stehen, um ein bißchen zuzuschauen. Fridolin war dabei, der Bub der Hebamme, Burkhard, der in ihrer Klasse war, Anna, die in der Schule neben ihr saß, mit ihren jüngeren Geschwistern Matthias und Gretli. Ihr älterer Bruder Oswald, der in die dritte Klasse ging, hatte das Tuch um den Kopf gebunden und tappte zwischen den kichernden Kindern herum, die alle möglichst nahe zu ihm kamen und ihn mit lauten Rufen foppten, um gleich danach wieder zurückzuhüpfen. »Osi, da bin ich!« rief Anna, »siehst du mich nicht?« Als Anna davonsprang, rannte ihr Oswald nach, Anna versteckte sich rasch hinter Katharina am Straßenrand, und Oswald stolperte in sie hinein, daß sie hinfiel. »Paßt doch auf!« rief Katharina wütend, aber Anna lachte nur, und Oswald nahm die Binde von den Augen, hielt sie Katharina hin und sagte: »Jetzt bist du die blinde Kuh!« »Ich spiele gar nicht mit«, sagte Katharina und versuchte sich den Dreck von der Pelerine zu wischen, aber diese war so naß, daß die Flecken nur noch schlimmer wurden. »Schon zu spät!« rief Burkhard und band ihr von hinten das Tuch um die Augen.

Vergeblich versuchte sich Katharina zu wehren, der Knoten saß fest, und wenn sie das Tuch abgerissen hätte, hätte es Schläge gegeben, die Buben waren stärker als sie, vor allem Oswald, der ein Jahr älter war. Die beiden nahmen sie nun an der Hand, führten sie etwas von der Straße weg, drehten sie dann ein paarmal um sie selbst und traten zurück. Als es losging mit den Zurufen, blieb Katharina zuerst einfach stehen. Sonst machte sie gerne mit bei der Blindenkuh, aber jetzt wollte sie so schnell wie möglich weg. Nach den ersten ungeschickten Schritten wurde sie sofort ausgelacht – »Kathrine, Latrine!« neckte Oswalds Stimme – dann drehte sie sich blitzschnell um und traf mit ihrer ausgestreckten Hand den Spötter mitten im Gesicht. Zufrieden nahm sie die Binde ab, warf sie ihm hin und ging ruhig zum Straßenrand, wo ihr kleiner Bruder auf sie wartete. Osi wollte ihr nachrennen, aber dann besann er sich und streckte ihr nur die Zunge hinaus, und zu Burkhard, der vor Vergnügen gluckste, sagte er: »Lach nicht so blöd.« Dann band er sich das Tuch um, und das ganze Grüppchen um ihn trat ein paar Schritte zurück.

Katharina kämpfte mit den Tränen. Ihre Schwester Anna hatte ihr den schwarzen Sonntagsrock aus dem Kasten genommen für den Besuch bei der Großmutter, und nun war der Saum, der unter der Pelerine hervorschaute, schon schmutzig geworden, nur wegen Oswald und seiner Schwester. Dabei sollte Oswald in der Schule sein, aber alle wußten, daß er häufig schwänzte. Weil seine Eltern einen großen Kartoffelacker hatten, sagte Osi immer, er müsse auf den Acker, obwohl ihn Katharina noch nie dort gesehen hatte.

»Wo gehst du hin?« rief ihr Oswalds Schwester nach.

»Zum Grosi in die ›Bleiggen‹!« antwortete Katharina unwillig. Das hatte sie ihr schon heute morgen gesagt, aber wenn man nicht rechnen konnte, konnte man wohl auch sonst nichts im Kopf behalten.

»Erwischt!« hörte sie Oswald noch schreien, und »Gar

nicht wahr!« kreischte ein Bub, doch sie drehte sich nicht mehr um. Oswald spielte gern mit den kleineren Kindern und war dann der größte. Einem Mädchen wüste Worte nachrufen, das konnte er. Katharina mochte ihn nicht.

»Hast die Binde wieder ab?« fragte eine Männerstimme.

»Ja«, sagte Katharina, bevor sie wußte, woher diese kam. Dann erst sah sie den alten Mann am offenen Fenster des Hauses sitzen. Er trug eine dicke Mütze mit Ohrenklappen und blickte mit weißen Augen ins Leere. Es war der blinde Meinrad. »Ja, ja, die bösen Buben!« sagte er und kicherte vor sich hin.

Heulend kam Fridolin vom Schützenhaus her.

»Was hast du?« fragte Katharina.

»Osi!« schluchzte der Kleine, und »Mutti!«, und rannte dann in das hinterste der zusammengebauten Müslihäuser. Fridolins Mutter trat heraus, die Hebamme mit dem roten Haarbändel, bückte sich zu ihrem weinenden Buben nieder und strich ihm übers Haar. »Was gibt's?« fragte sie, worauf sich aus Fridolins Mund ein Schwall von Worten ergoß, von dem nichts zu verstehen war.

Lachend zog seine Mutter einen Birnenschnitz aus ihrer Schürze und wollte ihn dem Kleinen zwischen die Zähne stecken, aber der mußte sich zuerst ausschluchzen.

»Kathrin, gehst du zur Großmutter?« fragte Verena.

Katharina nickte.

»Bald geh ich zu deiner Mutter«, fuhr Verena fort und putzte Fridolin die Tränen mit dem Schürzenzipfel ab, »freust du dich auf dein Geschwisterchen?«

Katharina nickte nochmals. »Ja, schon«, sagte sie, obwohl sie sich eigentlich nicht besonders freute.

»Ich glaube, morgen ist es da«, sagte Verena, »sobald Peter zurück ist, gehe ich in die ›Meur‹.«

Das hörte Katharina gern. Allerdings hätte Verena auch sofort gehen können, dachte sie, ihre Mutter konnte jedenfalls Hilfe brauchen, so wie sie dagelegen war.

Jetzt kaute Fridolin seinen Birnenschnitz.

»Und du, Kaspar?« fragte Verena, »freust du dich auch?«

»Ich will ein Brüderchen«, sagte dieser.

»Soso«, sagte Verena, »und wenn es nun ein Schwesterchen wird?«

Sie gab beiden einen Birnenschnitz und ermahnte sie, sich zu beeilen, es würde bestimmt gleich wieder regnen. Dann ging sie mit Fridolin ins Haus.

Katharina und Kaspar blieben stehen und nahmen ihren Schnitz in den Mund.

»Warum willst du ein Brüderchen?« fragte Katharina.

»Das kann ich hauen«, sagte Kaspar.

»Wart nur«, sagte Katharina, »wenn es groß ist, haut es dich auch.«

»Nein«, sagte Kaspar.

»Doch«, sagte Katharina, »das schlägt dann recht drein.«

Plötzlich kam ihr in den Sinn, daß im vorletzten Haus der Reihe Kleophea wohnte, hier gab es übermorgen die Taufe. Kleophea war noch ganz jung, sie sah fast wie ein großes Schulmädchen aus. Wie hatte sie es wohl angestellt, ein Kind zu bekommen?

»Komm«, sagte Katharina zu Kaspar, »vielleicht sehen wir das Bébé.«

Sie ging mit ihm die paar Schritte zum Fenster neben der Türe, stellte sich auf die Zehenspitzen und schaute hinein. Hinter der etwas beschlagenen Scheibe saß Kleophea mit geöffneter Bluse in der Stube und säugte ihr Kind. Katharina wunderte sich, wie groß die Brust war, die aus dem Kleid quoll. Als Kaspar quengelte, er wolle auch hineinschauen, blickte Kleophea auf, und Katharina rannte davon, ihren Bruder an der Hand hinter sich herziehend.

»Was hast du gesehen?« wollte er wissen, als sie auf der Straße weitergingen.

»Die Kläfi«, sagte Katharina.

Als gleich darauf der Fußweg in die »Bleiggen« abzweigte, begann es zu regnen. Katharina zog zuerst ihrem Bruder die Kapuze über den Kopf, dann sich selbst.

Der Weg führte nun direkt zu einem großen Haus, das an den Abhang gebaut war. Ohne zu klopfen, öffnete Katharina die Eingangstür, und die beiden standen in einem Flur.

»Warten wir hier?« fragte Kaspar.

»Nein«, sagte Katharina, »hier geht der Weg durch.«

Sie gingen durch den dunklen Flur, in dem es nach getrockneter Pfefferminze und nassen Kleidern roch, und Kaspar gab acht, daß er die Hand seiner Schwester nicht losließ. Auf beiden Seiten des Flurs gab es Türen, aber alle waren geschlossen. Neben den Eingängen hingen Mäntel und Hüte, und in Ständern waren Stöcke und Schirme abgestellt. Sie stiegen die Treppe hoch, die in den oberen Flur führte. Steil war sie, und die Stufen knarrten. Im oberen Stock kamen sie in einen Vorraum mit vier Türen. Keine stand offen. Ein Bild zeigte Moses mit zwei steinernen Tafeln in den Händen, der sorgenvoll zum Himmel hinaufblickte, und hinter einer Türe war eine Frauenstimme zu hören, die sagte: »Jetzt regnet es schon den siebten Tag.«

»Jadumeingott«, krächzte eine Männerstimme, »am Ende kommt die Sintflut«, und brach dann in ein langes Husten aus.

Schnell stieg Katharina mit Kaspar die nächste Treppe

hoch, und dann rannten sie durch den Korridor zum oberen Hinterausgang des Hauses. Ein Abortfenster stand zum Gang hin offen, Gestank schlug heraus. Als die beiden ins Freie traten, standen sie vor ein paar Steinstufen, von denen aus der Fußweg in die »Bleiggen« weiterging, als ob nichts wäre.

Ein Windstoß trieb ihnen den Regen ins Gesicht, und die Tür, die Katharina sorgfältig schließen wollte, fuhr mit einem Knall ins Schloß.

»Will warten«, sagte Kaspar und blieb stehen.

»Nein«, sagte Katharina, »wir müssen gehen.«

Kaspar begann zu weinen.

»Worauf willst du warten?« fragte Katharina, »gestern hat es den ganzen Tag geregnet.«

Der Vierjährige blickte unter dem Schleier seiner Tränen den Hang hinauf, der unbezwingbar schien.

Seine Schwester versuchte es nochmals. »Beim Grosi gibt's sicher heißen Tee«, sagte sie.

Kaspar setzte sich auf die Schwelle des Hauses. Die Tränen auf seinen Wangen vermischten sich mit den Regentropfen.

Katharina war ratlos. »Gut«, sagte sie schließlich, »dann gehe ich allein.« Sie drehte sich um und begann mit großen Schritten bergwärts zu marschieren. Nach einer Weile blieb sie stehen und blickte zurück.

Kaspar saß immer noch auf der Schwelle.

»Ade!« rief Katharina und winkte ihm, »ich sage dem Grosi einen Gruß!« Aber Kaspar rührte sich nicht.

Mißmutig ging seine Schwester zu ihm zurück und pflanzte sich vor ihm auf.

»Was ist jetzt?« fragte sie, »kommst du oder kommst du nicht?«

»Will heim«, sagte Kaspar.

Ein Krachen erschütterte die Luft. Erschrocken stand Kaspar auf.

»Hörst du?« sagte seine Schwester, »schon wieder ein Felsbrocken, der auf unser Haus fällt.«

Kaspar schaute ängstlich zurück, gab seiner Schwester die Hand, und langsam stiegen die beiden Kinder bergan, bis sie in den tiefliegenden Nebelschwaden verschwanden.

3

Katharina kannte den Weg, und eigentlich war er auch gar nicht zu verfehlen. Die einzige Abzweigung unterwegs kam kurz vor der »Bleiggen«, und die führte wieder zu Kirche und Schulhaus hinunter, da könnten alle Nebel der Welt kommen, und sie würde nicht den Weg ins Dorf nehmen.

Kaspar hatte seinen Widerstand aufgegeben und ging mit kleinen Schritten brav neben ihr her, immer ihre Hand haltend.

Es gab ein großes Geräusch, das war der Regen, der auf die Blätter des Waldes fiel, an dessen Rand sie emporstiegen, und es gab ein kleines Geräusch, das aber viel näher bei den Ohren war, das waren die Regentropfen, die auf ihre Kapuzen und Pelerinen fielen. Zum großen Geräusch gehörte auch das Rauschen des Sernf, welches das ganze Tal erfüllte, und zum kleinen Geräusch gehörte das Aufsetzen ihrer Schuhe auf dem Weg, der mit Steinchen bedeckt war.

Im Gehen überlegte sich Katharina, was ihre Schwester Regula genau gemeint haben mochte, als sie von Verena sagte, die ziehe die Kinder sogar mit den Füßen voran aus dem Bauch. Wieder merkte Katharina, daß sie etwas nicht wirklich wußte, aber wenn sie sich auszumalen versuchte, wie ein Kind aus dem Bauch einer Mutter hervorkam, stellte sie sich am liebsten vor, wie es zuerst ein Ärmchen herausstreckte, mit dem es den Menschen zuwinkte, die es erwarteten, und dann vielleicht das zweite, und daran konnte man es herausziehen. Ihr Vater hob sie manchmal mit einer Hand an beiden Handgelenken hoch, das schien Katharina eine gute Haltung für eine Geburt, pfeilförmig schützten die beiden Hände den Kopf, auf den man besonders aufpassen mußte.

Natürlich könnte ein Kind auch zuerst den Kopf herausstrecken, oder den Hintern, aber beides war für die Mutter sicher schmerzhafter, als wenn es sich mit den Armen einen Weg bahnte. Und wo tat sich überhaupt der Bauch auf? Die Löcher, die Katharina kannte, waren alle viel zu klein für ein ganzes Kind. Am ehesten vermutete sie einen Zusammenhang mit dem Bauchnabel. Sie mußte dringend mit ihrer großen Schwester darüber sprechen, wenn sie wieder zu Hause war.

Wie immer – fest stand, daß Kinder gewöhnlich nicht mit den Beinen voran zur Welt kamen, aber fest stand auch, daß Verena sogar damit fertig würde. Ihrer Mutter würde also nichts passieren, und dem neuen Kind auch nichts, und ab morgen wären sie dreimal zwei Geschwister, gibt sechs.

Kurz vor einem Heustadel blieb Kaspar stehen. »Muß brünzeln«, sagte er.

Katharina seufzte. »Warum nicht schon zu Hause?« fragte sie, aber ihr kleiner Bruder schüttelte in höchster Not den Kopf, und so half sie ihm, die Pelerine hochzuziehen und den Hosenschlitz aufzuknöpfen, und sie hatte ihre Hände noch nicht zurückgezogen, da schoß schon ein gelber Strahl aus Kaspars Schwänzchen und traf ihre Fingerspitzen.

»Sauniggel!« rief sie und wischte sich empört ihre Hände im nassen Gras ab, »gib doch acht!«

Wie lästig so ein Brüderchen sein konnte. Und nun sollte noch eins dazukommen, oder ein Schwesterchen. Hoffentlich mußte sie mit dem nicht auch in die »Bleiggen«, in vier Jahren, wenn das nächste käme. Dann würde sie Kaspar schicken, dachte Katharina grimmig, der wäre dann vier und vier gibt acht, das wäre ein Jahr älter als sie jetzt. Der Gedanke, daß der Kleine einmal älter werden könnte als sie selbst, ärgerte sie, auch als sie sich sagte, dann bin ich sieben und vier gibt elf. Was brauchte der älter zu werden als sie.

»Fertig?« fragte sie ihn, als er immer noch dastand, sein Schwänzchen in beiden Händen, ohne daß etwas herauskam.

Kaspar nickte und packte es wieder in seine Hosen, Katharina machte ihm die Knöpfe zu und wischte sich dann die Hände nochmals im Gras ab.

»Das nächstemal sagst du's früher«, tadelte sie ihn, und Kaspar nickte, als wäre er ganz woanders. Erst als Katharina ihrer Ermahnung noch ein unüberhörbares »Sauniggel!« folgen ließ, murmelte er: »Bin kein Sauniggel.«

»Doch«, gab Katharina zurück, »du hast mir über die Hände gebrünzelt.«

»Nein«, sagte Kaspar.

Das war der Gipfel. Der stritt einfach ab, was soeben passiert war. Katharina nahm seine rechte Hand, drehte sie um und schlug ihm eins drauf. So machte es Lehrer Wyss, aber mit einem Haselstecken oder einem Lineal.

Kaspar heulte auf. »Nicht hauen!« rief er.

»Nicht lügen«, sagte sie, »wenn du lügst, hau ich dich halt.«

Kaspar blieb steckköpfig. »Hab nur ins Gras gebrünzelt«, behauptete er.

Erbarmungslos nahm Katharina auch seine linke Hand und schlug ihm eins drauf, heftiger als das erstemal.

Da drehte sich Kaspar einfach um und begann den Weg hinunterzurennen, den sie soeben heraufgekommen waren.

Aufgebracht lief ihm Katharina hinterher. Zwischen zwei Mäuerchen holte sie ihn ein, packte ihn an der Kapuze, er warf den Kopf zur Seite, sie ließ nicht los, stolperte, stürzte zu Boden, und Kaspar mit ihr.

Beide waren so erschrocken, daß keines weinte.

Stumm rappelten sie sich hoch, und erst als Kaspar seine Schwester anschaute, begann er zu schreien.

»Blödian«, zischte sie, »dummer Blödian, du!«

Aber Kaspar zeigte auf ihr Gesicht und stammelte: »Kommt Blut!«

Katharina griff sich an die Stirne, wo sie ein Brennen spürte, und als sie die Hand zurücknahm, war Blut an ihren Fingern. Sie hatte beim Sturz mit dem Kopf eines der Mäuerchen gestreift.

Wieder mußte sie sich die Finger im Gras abwischen. »Das ist nur wegen dir«, sagte sie böse zu ihrem kleinen Bruder. Sie griff sich nochmals an die Stirn, und nochmals wurden ihre Finger blutig.

»Nicht wegen mir!« schluchzte er.

»Bleib stehen, wo du bist!« herrschte ihn Katharina an, »ich hole Schafgarbe.« Und sie ging ein paar Schritte dem Mäuerchen entlang, wo sie ein Büschel Schafgarben stehen sah. Sie riß ein paar Stengel aus und preßte sich die Blätter auf die Wunde.

»So«, sagte sie, als sie wieder bei ihrem Bruder war, »und jetzt gehen wir zum Grosi.«

Mit der linken Hand drückte sie die kühlenden Pflanzen auf die Stirne, mit der rechten packte sie die Hand ihres Bruders, der sich leise wimmernd in sein Schicksal ergab, und dieses Schicksal war es offenbar, daß er von seiner älteren Schwester durch einen furchtbaren Regen zu seiner Großmutter geschleppt wurde, die unendlich weit weg wohnte von dort, wo er zu Hause war. Dort, wo er zu Hause war, wollte ein Schwesterchen auf die Welt kommen. Und dort, wo er zu Hause war, fielen Felsblöcke herunter. Kaspar hoffte von ganzem Herzen, daß sie das neue Schwesterchen erschlagen würden, dann wäre alles wie immer.

Als sie am Heustadel vorbei waren, ertönte von weither ein Jodelruf.

Katharina blieb stehen. »Hörst du?« sagte sie zu Kaspar, »das Grosi. Es ruft uns. Komm, wir rufen zurück.«

Sie holte tief Atem und stieß einen langen Schrei aus, der hinten abfiel, wie wenn die Mutter jeweils zum Fenster hinausrief: »Heicho!« Kaum war er verklungen, antwortete die Stimme ihrer Großmutter mit einem ähnlichen Ruf.

Katharina lächelte. »Siehst du? Es hat uns gehört«, sagte sie zu Kaspar, der verständnislos in den nassen Nebel starrte. »Warum hast du nicht auch gerufen?«

»Wo ist das Grosi?« fragte Kaspar.

»Dort oben, in der ›Bleiggen‹«, sagte Katharina.

Kaspar sah keine »Bleiggen«, er sah nur einen viel zu steilen Weg, der durch eine Wiese ging und zwischen dunklen Bäumen verschwand, die so hoch waren, daß ihre Spitzen in den Wolken blieben.

»Komm«, sagte seine Schwester, »bald sind wir dort.«

Kaspar blieb nichts anderes übrig, als es zu glauben, und er faßte die Hand seiner Schwester neu, sie fühlte sich an wie ein Kieselstein aus dem Bach, durch und durch naß, und durch und durch kühl.

Kurz bevor sie bei den Bäumen waren, erleuchtete ein Blitz den düsteren Nachmittag. Er war so hell, daß beide Kinder die Augen zukniffen, und fast im gleichen Moment erzitterte die Luft von einem Donner, als ob eine Lawine von der »Bleiggen« herunterrollte.

Katharina beschleunigte ihre Schritte und zog Kaspar, der wieder zu weinen begann, hinter sich her. »Mußt keine Angst haben«, sagte Katharina zu ihm, »das ist nur ein Gewitter.«

Sie selbst zitterte vor Angst. Letztes Jahr war Afra Bäbler aus der vierten Klasse vom Blitz getötet worden, als sie auf der Falzüber-Alp ihre Ziege suchte. Die Männer, die sie auf einem Holzschlitten ins Tal hinunterbrachten, hatten in der »Meur« Halt gemacht und etwas getrunken, und draußen war Afra auf dem Schlitten gelegen, mit Seilen festgebunden und ganz in eine Wolldecke gehüllt, daß man ihr Gesicht nicht sehen konnte. Bei der Beerdigung hatte die ganze Klasse am Grab »Rosine goht in Garte und bricht drü Blüemli ab« gesungen, das Lied, wo ihr in der dritten Strophe Jesus begegnet und sie mit in den Himmel nimmt, und den Eltern nur ein Brieflein schreibt, Rosine sei im Himmel wohl amene schönen Ort. Aber Katharina konnte nicht singen damals, weil sie weinen mußte, sie begriff nicht, wie man noch singen konnte, wenn jemand gestorben war, und Kinder durften sowieso nicht sterben.

Jetzt hatten sie die ersten Bäume erreicht und blieben keuchend stehen. Eine Kuhglocke bimmelte, aber wo war die Kuh?

»Hier warten wir«, sagte Katharina.

»Will heim«, sagte Kaspar.

»Kannst denken«, entgegnete Katharina.

»Hab Angst.«

»Dummer Bub«, sagte Katharina, »es ist nicht mehr weit.«

Wie froh war sie, daß sie jemanden beschützen mußte. Allein wäre sie vor Furcht verzweifelt.

Ein zweiter Blitz riß die Wolken auf und blieb die längste Zeit am Himmel stehen. Er spaltete das Tal in zwei Hälften und endete im Sernf. Der Donner war so gewaltig, als käme er gleichzeitig von beiden Abhängen des Tales.

Kaspar hörte nicht auf zu weinen.

Katharina wollte ihn ausschimpfen und musterte in Gedanken ihre übelsten Wörter für einen solchen Fall, Angsthase, Hosenscheißer, Brüelibueb, Grännitante, Chuefüdli, aber auf einmal besann sie sich anders, setzte sich mit ihm zusammen auf einen Baumstrunk und sagte:»Komm, ich erzähl dir eine Geschichte.«

Und während am Himmel Blitze wie böse Spinnennetze erschienen und sich ein Donner nach dem andern durch das Tal wälzte, erzählte sie ihrem kleinen Bruder die Geschichte von der Sintflut, die sie am letzten Sonntag in der Kinderlehre gehört hatte, wie Gott keine Freude mehr hatte an den Menschen, weil sie so böse waren, und wie er beschloß, es regnen zu lassen über der Erde, damit alles ertrank, wie es ihn aber doch ein bißchen reute und er Noah warnte und ihm befahl, er solle eine Arche bauen, ein großes Schiff, und von allen Tieren ein Pärchen mit hineinnehmen, und seine Frau und seine drei Söhne mit ihren Frauen solle er auch hineinnehmen, und wie sich dann die Fenster des Himmels öffneten und es vierzig Tage lang regnete, vierzig Tage, so lang, und wie alle untergingen, alle, Menschen und Tiere, nur Noah blieb übrig, mit seiner Familie und allen Tieren, in seiner Arche, die auf dem Wasser schwamm.

Und Kaspar weinte nicht mehr und hörte seiner Schwester zu, die in ihren Schilderungen immer ausführlicher wurde, je länger das Gewitter dauerte, und ihm erzählte, wie auch von Glarus her ein See das Tal heraufgekommen sei und alles zu überschwemmen begann, zuerst Engi und Matt und dann Elm, und wie die Murmeltiere aus ihren Löchern krochen und mit den Gemsen und Steinböcken die Berge hinaufflohen, gegen das Martinsloch, und wie sie am Schluß alle noch auf den Gräten standen und die Murmeltiere laut und heftig pfiffen, bevor sie der große See überspülte und verschlang.

Als sie erzählte, wie alle Tiere ertranken, fragte Kaspar: »Und die Fische?«

Diese Frage verwirrte Katharina. Darüber hatte Pfarrer Mohr nichts berichtet.

»Die Fische«, sagte sie, »die Fische hatte der liebe Gott eben gern, darum sind sie nicht ertrunken. Und außerdem konnten sie ja schwimmen.«

Mit dieser Erklärung war sie nicht zufrieden. Wieso sollte der liebe Gott die Fische lieber haben als die Murmeltiere? Eigentlich müßte sie dies den Pfarrer fragen, aber die andern würden sie bestimmt auslachen.

Als sie bei der Stelle war, wo die Arche auf dem großen Wasser schwamm, mit Noah und allen Tieren, die gerettet waren, hörte sie auf zu sprechen.

»Und dann?« fragte Kaspar.

»Ich weiß nicht«, sagte Katharina, »der Pfarrer hat uns nur bis hierher erzählt, am Sonntag erzählt er, wie's weitergegangen ist.«

Auf einmal stand die Großmutter vor ihnen, unter einem schwarzen Schirm.

»Kind, ist etwas passiert?« fragte sie, als sie Katharinas Wunde erblickte.

Nein, sagte Katharina, sie sei nur umgefallen auf dem nassen Weg. Als sie nach oben schaute, sah sie am Hang eine Kuh, und zuoberst das Haus in der »Bleiggen«.

Dann nahm die Großmutter sie bei der Hand, und Katharina nahm Kaspar bei der Hand, und unter dem mächtigen Schirm stiegen sie die steile Wiese hinan, während sich das Gewitter grollend talabwärts verzog.

4

Da saßen sie am Küchentisch in der »Bleiggen«, die Großmutter, Katharina und Kaspar. Beide Kinder hatten eine Kachel mit dampfendem Kräutertee und ein Stück Birnenbrot vor sich. Katharina hatte das ihre schon fast gegessen, während Kaspar nur einen einzigen Bissen genommen hatte, an dem er immer noch kaute.

Die zwei waren so naß geworden, daß ihnen die Großmutter alle Kleider ausgewechselt hatte. In ihren Schränken lagen noch einige Kinderkleider, als hätten sie all die Jahre auf nichts anderes als auf durchnäßte Enkel gewartet. Die Großmutter freute sich, als sie sah, daß sie paßten. Katharina hatte einen blauen Rock bekommen, der nach Lavendel roch, und darüber ein graues Strickjäckchen. Das Hemd für Kaspar war zwar ein bißchen zu groß, es war eins, das sein Vater getragen hatte, bis er in die Schule kam.

Die Pelerinen hingen im Eingangsraum neben der Türe zum Abtropfen, und die andern Kleider hatte das Grosi neben den großen Schieferofen in der Stube gehängt, von dem eine sanfte Wärme ausging.

»Fast wie der Schaaggli sitzest du da«, sagte die Großmutter, nachdem sie Kaspar die Ärmel etwas nach hinten gerollt hatte.

Der Vater von Katharina und Kaspar hieß Jakob. Warum, dachte Katharina, hörte sie diesen Namen nie? Ihre Mutter sagte »Ätti« zu ihm, genau wie Katharina und ihre Geschwister, die Männer im Dorf nannten ihn Joggli oder Meurjoggli, und die Großmutter sprach vom Schaaggli. Einmal hatte sie gehört, wie die Mutter »mis Böckli« zu ihm sagte, murmelte eher, als die beiden nachts aus der Gaststube die Treppe heraufkamen und

Katharina schlaflos unter der Türe stand. Aber wenn man nicht gewußt hätte, daß er Jakob hieß, man hätte es nicht gemerkt. Auch zu ihr sagte niemand »Katharina«. Kathrine oder Kathrinli riefen die andern, und vor allem das zweite hatte sie je länger, je weniger gern. Warum -li? War sie nicht eine Zweitkläßlerin? Und verlangte man nicht Dinge von ihr, die man sonst von den Großen verlangte? Oder wann war wohl ihre Schwester Anna zum letztenmal in einem Gewitter zur »Bleiggen« hinauf-marschiert und hatte wie eine Kindsmagd einen ihrer kleinen Brüder mitgeschleppt? Da war es ihr immer noch lieber, wenn ihre Mutter oder das Grosi sie »Didi« nannten, das war schon fast wie ein anderer Name, und sie wußte auch nicht, woher er kam.

Aber eigentlich hieß sie Katharina, und sie war stolz auf diesen langen und schönen Namen, den sie auch auf ihre Schiefertafel geschrieben hatte, mit der sie zur Schule ging. Wenn sie einmal eine Frau war, würde sie verlangen, daß man sie mit »Katharina« ansprach, und wenn einer käme und sie küssen wollte, hinter dem Haus, wie der Hans-Kaspar die Anna, dann würde sie sagen, nur wenn du »Katharina« zu mir sagst.

»Und die Kathrin, wie geht's ihr?« fragte die Groß-mutter.

Katharina erschrak und überlegte einen Moment. Mit Kathrin war ihre Mutter gemeint.

»Sie läßt dich grüßen«, antwortete sie, »und Anna auch.«

»Und wie geht's ihr?« fragte die Großmutter nochmals.

»Nicht so gut«, sagte Katharina zögernd, »sie ist im Bett und muß schnaufen.«

»Und wer schaut nach ihr?«

Katharina erzählte ihr, daß Regula die Hebamme gerufen hatte und daß diese am Abend in die »Meur« gehen wolle.

»Gottlob«, sagte die Großmutter, »hoffentlich ist's bald soweit, dann kann sie wieder auf und an die Arbeit«, und dann wandte sie sich unvermutet Kaspar zu mit der Frage: »Freust du dich auf das Geschwisterchen?«

Kaspar nickte vorsichtig. Er hatte gemerkt, daß sich hinter dieser Frage eine Gefahr versteckte.

»Kaspar will ein Brüderchen«, sagte Katharina.

»Und du?« fragte die Großmutter.

»Ich lieber ein Schwesterchen.«

Die Großmutter stand auf und ging zur Küchentür. »Hast du gehört?« rief sie ins Treppenhaus, »die Hebamme geht heut schon zur Kathrin!«

Als Antwort kam von oben das Jammern eines Säuglings, und gleich darauf die beschwichtigende Stimme einer Frau, worauf der Säugling verstummte. »Die säuft wie ein Kälblein!« rief die Stimme, und dann war es wieder still. Die Großmutter schloß die Tür. Im Ofen knisterte das Holz. Irgendwo in der Ferne krachte es.

Kaspar hörte auf zu kauen. Tränen liefen über sein Gesicht.

»Mußt keine Angst haben, Bub«, sagte die Großmutter und strich ihm mit der Hand über den Kopf, »das Gewitter ist vorbei.«

Kaspar weinte fast unbewegt vor sich hin.

»Bist ja beim Grosi«, fuhr die Großmutter fort, »iß dein Birnenbrot und trink deinen Tee.«

Aber der Vierjährige hatte eine ganz andere Sorge, die stieg in ihm hoch wie die Sintflut das Tal herauf, und Tee und Birnenbrot ertranken darin.

»Was hast du nur?« fragte die Großmutter, »sag's doch dem Grosi.«

Kaspar schüttelte den Kopf. Nichts wollte er sagen, nichts.

Die Großmutter wandte sich zu Katharina: »Weißt du, was er hat?« fragte sie.

Katharina zuckte die Achseln. »Der hört dann schon wieder auf«, sagte sie.

Aber Kaspar weinte weiter. In seinem Ohr ertönten die Stimmen seiner Großmutter und seiner Schwester, und er verstand, was sie sagten, doch es war, als stünden sie vor der Haustüre, und drinnen, wo er saß, hatte er noch ein zweites Ohr, und in diesem Ohr hörte er seine Schwester sagen: »Schon wieder ein Felsbrocken, der auf unser Haus fällt.« Und vor seinen Augen verloren die Teetasse und das Birnenbrot und der Tisch ihre festen Umrisse, aber er hatte noch ein zweites Augenpaar, und diese zweiten Augen hatte er schon lange geöffnet, und sie zeigten ihm einen schweren Felsen, der auf das Haus niederfuhr, in dem er wohnte, und der alles kaputt machte, was er gerne hatte, und es war nicht nur das Bett, in dem er mit Katharina und Jakob schlief, und das Schaukelpferd, um das er sich mit Katharina stritt, sondern es war auch Züsi, die Katze, und es war, und hier machte Kaspar seine zweiten Augen zu, aber er sah es trotzdem – der Felsblock war groß genug, um auch den Ätti und die Mama und Jakob und Regula und Anna zu zerdrücken, er sah nur noch einen Schuh vom Ätti und den Arm von Anna aus dem zerquetschten Haus herausschauen. Und da sollte er Tee trinken und Birnenbrot essen?

»Er ist eingeschlafen«, sagte die Großmutter.

Katharina warf einen Blick auf ihren Bruder. Sein Kopf war auf das Birnenbrot gesunken wie auf ein Kopfkissen, und die braune süße Birnenmasse begann langsam hervorzuquellen und von der Wange gegen die Haare zu kriechen.

Katharina wollte ihm den Kopf an den Haaren hochheben, um das Birnenbrot darunter hervorzuziehen, aber die Großmutter griff nach der Hand des Mädchens und legte sie auf den Tisch zurück.

»Laß ihn«, sagte sie leise, »es war eben weit für ihn.«

Dann stand sie auf und sagte: »Komm mit, du kannst mir helfen, ihn ins Bett zu tun, ich trage ihn nach oben in den Schlafgaden.«

Sie bückte sich, schob ihren rechten Arm unter den Beinen des kleinen Schläfers durch, führte den linken unter seine Achsel und hob ihn sorgfältig von der Küchenbank.

Katharina war schon aufgestanden und hatte die Tür zum Vorraum geöffnet, dessen Kälte sie erschauern ließ.

Die Großmutter trat vorsichtig über die Schwelle, und Katharina schloß die Küchentür hinter ihr. Als sie ihrer Großmutter zur Treppe folgte, streifte sie mit der Schulter eine der beiden nassen Pelerinen und erschrak, es war ihr, als griffe jemand nach ihr oder als hätte ein unbekanntes Tier sie berührt.

Sie hielt sich dicht an die Großmutter, unter deren Tritt jede Treppenstufe knarrte. Wenn Katharina auf dieselbe Stufe trat, horte sie kein Knarren. Sie war zu klein, um die Treppen zum Knarren zu bringen. Irgendeinmal würde sich das ändern. Irgendeinmal, dachte Katharina, wird jede Treppe knarren, über die ich steige, und jedes Haus wird laut knarren, das ich betrete, ja die Häuser werden schon knarren, wenn ich nur auf sie zugehe. Keine nasse Pelerine wird es wagen, mich anzulangen. Dann heiße ich Katharina und bin jemand.

»Schläft die Didi?« fragte die Frauenstimme zur halb offenen Türe heraus.

Sie waren im oberen Stock angekommen.

»Nein, der Kaspar«, gab die Großmutter zur Antwort, »machst du mir die Tür auf, Kathrin? Die da«, fügte sie mit einer Kopfbewegung hinzu und zeigte auf die Türe neben derjenigen, hinter welcher die Frauenstimme saß.

Katharina drückte sich an der Großmutter vorbei und stieß die Tür zu ihrem Schlafgaden auf. Drinnen war es fast noch kälter als im Treppenhaus. Neben einem Schrank stand ein großes Bett mit einer breiten Bettdecke und zwei Kopfkissen.

»Schlag mir die Decke auf«, sagte das Grosi, immer im selben leisen Ton, als hätten sie ein Geheimnis zusammen.

Katharina gehorchte, die Großmutter legte Kaspar auf das Barchentleintuch und zog ihm die Hosen aus.

»Unsere Schlafgewänder sind noch unten«, sagte Katharina.

»Das macht nichts«, sagte die Großmutter, »er kann im Hemd schlafen.«

Sie deckte Kaspar zu, und als ihn Katharina schlafen sah, freute sie sich plötzlich auf das Bett. Es war größer als ihres zu Hause – oder schien es nur so, weil sie das ihre nicht nur mit dem kleinen Bruder, sondern auch noch mit Regula und Jakob teilen mußte? Sie trat zum Fenster und blickte hinaus, aber draußen war es so verhangen, daß man nur die Bäume sah, die am nächsten beim Haus standen, und dahinter ballte sich das graue Nichts.

Katharina war ein bißchen stolz, daß sie ihren Bruder allein hier heraufgebracht hatte, wie der Bergführer Elmer seine Engländer auf den Hausstock. Kürzlich hatte er in der Wirtsstube damit geprahlt, daß er mit zwei Engländern bei schlechtem Wetter den Hausstock bestiegen habe, er hätte ihnen zugeredet, sie sollten auf besseres Wetter warten, sonst sähen sie gar nichts, aber die zwei wollten unbedingt hinauf, und dann seien sie eben gegangen und hätten gar nichts gesehen, es sei sogar ein solcher Nebel gewesen, daß er sich um ein Haar selbst verirrt hätte auf dem Meergletscher.

»Komm, Kathrinli«, sagte die Großmutter halblaut. Sie stand schon unter der Tür, mit der Klinke in der Hand.

Katharina ging an ihr vorbei und blieb dann vor der Tür zum offenen Zimmer stehen.

»Grüß dich, Didi«, sagte die Frau, die auf der Bettkante saß und ihrem Säugling die Brust gab.

»Grüß dich, Bäsi«, murmelte Katharina und schaute auf die Brust der Frau, an welcher das Kind mit weit aufgerissenen Augen saugte. Es war deutlich größer als Kleopheas Kleines, das sie vorhin gesehen hatte, und Bäsis Brust war noch größer als die Brust Kleopheas, und die war schon groß gewesen.

Die Base wohnte hier, bei der Großmutter, und ihr Mann war der Vetter. Er war aber nur der Vetter für Katharina, sonst hieß er Paul. Neben ihm wohnten noch zwei Vettern hier, Johannes und Fridolin. Vetter und Base hieß man, wenn man der Bruder oder die Schwester vom Vater oder der Mutter war, oder auch die Frau des Bruders vom Vater oder der Mutter. Katharina war nicht sicher, welcher Fall genau auf das Bäsi zutraf, das vor ihr saß und nun zu ihr sagte: »Bist eine Tapfere, hast den ganzen Weg durch den Regen gemacht.«

Auf Katharinas Gesicht erschien ein Lächeln.

»Das war ja ein Donnerwetter wie schon lang nicht mehr«, fuhr das Bäsi weiter, indem es mit Daumen und

Zeigefinger seine Brust quetschte, worauf der Säugling laut aufschmatzte. »Hast du keine Angst gehabt?«

Diese Frage gefiel Katharina nicht.

Natürlich hatte sie Angst gehabt, und ohne den kleinen Kaspar, den sie beschützen mußte und der sich noch viel mehr fürchtete, wäre sie gestorben vor Angst.

Aber wer zugab, daß er Angst hatte, wurde gewöhnlich ausgelacht. Angsthase war eines der bösesten Schimpf-wörter unter den Kindern, und eigentlich auch unter den Erwachsenen. Hatte nicht gestern abend derselbe Bergführer Elmer, der Mann der Hebamme also, in der Gaststube zu Beat Rhyner gesagt, er sei ein Schißhase? Und der war aufgestanden und hatte dem andern zu-rückgegeben, die Gemsen, die er schieße, hätten mehr Verstand als er, denn sie seien so weit oben wie seit Jahren nicht mehr um die Zeit, und er solle die mal fragen ge-hen, ob sie Schißhasen seien oder was.

Die Männer hatten sich über die Felsblöcke gestritten, die den Hang herunterkamen, ob das etwas zu bedeuten habe oder nicht.

Katharina kannte Beat Rhyner gut, er wohnte auch in der »Meur«, im hinteren Teil, er war Bannwart und einen Kopf größer als ihr Vater, und er war sicher kein Angst-hase. Aber Beat Rhyner hatte auch nicht gesagt, er habe Angst, sondern hatte alles auf die Gemsen geschoben. Seine Frau war die Barbara, und sie hatten fünf Kinder, gleich viel wie sie, aber jetzt wären es dann bald nicht mehr gleich viel, wenn die Mutter das sechste zur Welt bringen würde. Vielleicht kam ja bei Rhyners auch noch mal eins auf die Welt, das konnte man nie im voraus wissen, dann hätten beide Familien wieder gleich viel Kinder. Hoffentlich war die Hebamme inzwischen bei der Mutter.

»Hast du keine Angst gehabt?« fragte Bäsi nochmals. Ihr Kind hatte aufgehört zu saugen und lag mit geschlossenen Augen in ihrem Arm.

Katharina hob den Kopf, schaute die Frau mit dem schlafenden Säugling an und sagte:»Doch.«

5

Die sind bald trocken«, sagte die Großmutter.

Sie hatte die Nachthemden und die Leibwäsche der beiden Kinder über die Stange oben am großen Schieferofen in der Stube gelegt. Beim Öffnen des Bündelchens hatte Katharina gemerkt, daß der ganze Inhalt naß geworden war. Sie setzte ihre Holzpuppe Lisi auf das Sofa neben dem Ofen. »Hier kannst du dich wärmen«, sagte sie zu ihr und warf einen prüfenden Blick auf die Großmutter.

Ihr Vater war nämlich der Meinung, Kinder, die zur Schule gingen, sollten nicht mehr mit Puppen spielen. Deshalb mußte man sich immer vergewissern, daß er nicht in der Nähe war, wenn man die Puppe hervornahm, oder es war gut, sich zuerst bei der Mutter zu versichern, daß er nicht nächstens nach Hause kam. Katharina hatte das nie begriffen. Lisi war schon immer ihr liebstes Spielzeug gewesen, und gerade wenn sie sich in der Schule gelangweilt hatte, spielte sie um so lieber mit ihr, oft setzte sie die Puppe auf ein Holzscheit als Schulbank, und Katharina war der Lehrer Wyss, und zuerst war Lisi dümmer als Anna Elmer und wußte nicht einmal, was eins und eins gab, aber dann, wenn der Lehrer drohend auf sie zukam und ein kleines Haselzweiglein vor ihrer Nase schwang, wußte sie plötzlich alles und war sogar gescheiter als der Lehrer, sie warf mit Zahlen über tausend nur so um sich.

Als die Großmutter keinerlei Warnungen hören ließ und ihre Enkelin sogar lobte, daß sie so gut für ihre Puppe sorge, wurde Katharina klar, daß es hier gar keinen heimkehrenden Vater zu befürchten gab, denn der Großvater war ja schon gestorben, am Kropf, wie stirbt man nur an einem Kropf, und der Vetter Paul, der sicher bald heimkäme, war ein fröhlicher Mann, der gern Späße mit ihr machte, der hatte sicher nichts dagegen, wenn eine Holzpuppe auf dem Ofensofa saß. Eigentlich war der Ätti auch ein fröhlicher Mann, und er machte auch gern Späße mit ihr. Früher hatte er sie oft in die Luft geworfen und wieder aufgefangen, oder sie stellte sich vor ihn hin, bückte sich und streckte die Hände unter ihren Beinen hindurch dem Vater entgegen, dieser packte sie, zog und hob sie gleichzeitig hoch, daß sie sich überschlug und einen Moment lang nicht wußte, wo unten und oben war, und dann stellte er sie vor sich hin auf den Boden und sagte: »Dieser Käse ist gekehrt.« Leider hatte er das schon lange nicht mehr getan. Seit Kaspar dieses Spiel entdeckt hatte, machte es der Vater nur noch mit ihm.

Überhaupt schien es ihr, daß Kaspar Ättis eigentlicher Liebling war. Wenn der Kleine lange genug bettelte, bekam er auch dann noch einen Birnenschnitz, wenn der Vater für sie keinen mehr herausrückte. Letzthin hatte dieser ihren älteren Bruder Jakob erwischt, wie er im Vorratsraum ein paar gedörrte Schnitze holen wollte, und hatte ihn sofort übers Knie gelegt und ihm den Hintern verhauen. Jakob hatte weinend gerufen, wieso Kaspar Schnitze bekomme und er nicht, da hatte der Ätti bloß gesagt, er solle das Maul halten, sonst kriege er dort auch noch eins drauf.

Katharina schauderte es bei solchen Szenen, sie floh dann ins Kinderschlafzimmer, ließ aber die Tür offen, damit ihr nichts entging. Die Erwachsenen, das fiel ihr auf, schlugen gern drein, wenn ihnen nichts mehr in den Sinn kam. Hatte Jakob nicht recht gehabt, als er die Frage wegen Kaspar stellte? Und hatte Jakob nicht recht gehabt, daß er auf eigene Faust versuchte, das zu bekommen, was Kaspar auch bekam? Nein, offenbar nicht. So war es nun einmal, die Erwachsenen durften bestimmen, was recht ist und was nicht, und sie durften auch sagen, etwas sei recht, wenn es gar nicht recht war. Wenn man ein Kind war und recht haben wollte, kam es selten gut heraus.

Vor der Mutter mußte man sich weniger fürchten, die riß die Kinder nur manchmal an den Haaren oder zog sie am Ohrläppchen, aber auch sie nahm sich selten die Mühe festzustellen, wer recht hatte. Wenn zwei von ihnen in Streit gerieten, packte sie einfach beide am Ohr oder stieß ihnen die Köpfe zusammen und sagte: »Damit ihr wißt, warum ihr heult.«

Katharina war überzeugt, daß sie selbst einmal ganz anders würde, wenn sie groß wäre. Gerecht wollte sie sein, gerecht, aber auch gnadenreich, wie der Kaiser von China im Lesebuch. Der hatte einen Beamten wegen eines Diebstahls dazu verurteilt, daß ihm beide Hände abgehauen würden. Da kam die Tochter des Beamten zum Kaiser, warf sich vor ihm auf die Knie und hielt ihm ihre eigenen Hände hin, damit man ihr diese statt den Händen ihres Vaters abhaue. Darauf war der Kaiser so gerührt, daß er dem Vater die Strafe erließ. Diese Geschichte hatte ihr Regula aus ihrem Lesebuch vorgelesen, »Eine Heidin, die ihren Vater mehr liebt, als sich selbst« hieß sie, und auf Katharina hatte sie einen solchen Eindruck gemacht, daß sie die Geschichte immer wieder selbst lesen wollte, bis ihr Regula das Buch wegnahm und sagte, das bekomme sie dann in der fünften Klasse noch früh genug.

»Was denkst du, Kind?« fragte die Großmutter. Sie stand unter der Stubentür, und Katharina saß immer noch neben ihrer Holzpuppe auf dem Sofa.

»Haut man den Leuten bei uns auch die Hände ab, wenn sie stehlen?« fragte Katharina.

»Didi, wie kommst du darauf?« fragte die Großmutter erschrocken, »wo soll es denn so etwas geben?«

»In China«, sagte Katharina, »bei den Heiden, so steht es im Lesebuch.«

»Eben, bei den Heiden«, sagte die Großmutter, »aber nicht bei uns. Bei uns kommt man ins Gefängnis, wenn man stiehlt. Das ist schlimm genug.«

Draußen bellte ein Hund.

»Der Paul kommt«, sagte die Großmutter, »er war mit Nero bei den oberen Matten.«

Katharina stand auf und ging durch die Küche in den Vorraum. Sie wollte den Hund sehen. Als sie zur Haustüre kam, legte ihr Vetter seinen schwarzen Sennenhund an die Kette des Hundehäuschens, und das nasse Tier schüttelte sich so kräftig, daß die Wassertropfen nach allen Seiten stoben.

»Kannst nicht warten?« sagte Paul und lachte. Dann sah er Katharina und sagte zu Nero: »Schau, die Didi ist da. Geh, pack sie!«

Sofort begann Nero zu bellen, und Katharina machte einen schnellen Schritt zurück über die Schwelle. Das waren wieder diese Erwachsenenspäße, die gefielen Paul, aber ihr gefielen sie nicht.

»Der frißt dich nicht!« rief Paul, um gleich danach fort zufahren: »Hast du schönes Wetter mitgebracht?«

Katharina wußte nicht, was sie darauf antworten sollte.

»Grüß dich, Vetter«, sagte sie leise und ging dann zum Grosi in die Küche. Gerne hätte sie den Hund gestreichelt, aber jetzt getraute sie sich nicht mehr. Der Vetter hatte ihn ja gegen sie aufgehetzt, und wer weiß, ob Nero sie noch kannte vom letzten Besuch. In der »Meur«

hatten sie keinen Hund. Sie hätten früher einen gehabt, hatte ihr die Mutter einmal erzählt, aber der habe dauernd die Gäste in der Wirtschaft angeknurrt, und deshalb hätten sie ihn töten müssen und wollten keinen mehr. Katharina fand das schade. Sie hatten zwar Züsi, die Katze, die konnte man auch streicheln, aber eine Katze war nicht dasselbe wie ein Hund. Eine Katze würde nie mit zu den oberen Matten kommen, bei einer Katze mußte man froh sein, wenn man sie ab und zu am Futtertröglein sah, sonst machte sie, was sie wollte. Auch daß sie Mäuse fing, nahm ihr Katharina übel, obwohl der Vater sagte, dazu sei sie da. Als Züsi einmal auf dem Vorplatz mit einer Maus spielte, die sie gefangen hatte und immer wieder ein bißchen laufen ließ, war es Katharina gelungen, die Maus zu retten, indem sie Züsi packte und sie wegzutragen versuchte. Die Katze wehrte sich und war so aufgebracht, daß sie Katharina mit einer Pfote in die Wange fuhr und ihr einen blutigen Kratzer verpaßte. Das Mäuslein aber war inzwischen unter der Bank neben der Haustür verschwunden, es hinterließ eine winzige Blutspur, doch wenigstens war es mit dem Leben davongekommen. An das Brennen der Arnikatinktur, die ihr die Mutter auf die Wunde träufelte, erinnerte sich Katharina noch gut, und auch an das Brennen der tadelnden Worte des Vaters, der bei dieser Gelegenheit sagte: »Dazu ist sie da«, und nach einer kleinen Pause hinzufügte: »Du Tötschli!«

Und sie erinnerte sich auch noch sehr gut an den Seitenblick, der sie von ihrer Mutter traf, als diese dem Vater zwei verwelkte Salate aus ihrem Vorgärtlein zeigte und sagte: »Die Mäuse waren an den Wurzeln.«

Das war gewesen, bevor sie in die Schule kam. Seither hütete sie sich, der Katze dreinzupfuschen, wenn sie das tat, wozu sie da war. Manchmal jedoch, beim Abendgebet, wenn die Mutter einen Moment still war und man für jemanden beten konnte und Katharina niemand einfiel, dachte sie an die kleinen Blutstropfen auf dem Vorplatz und betete für die Mäuslein, damit sie die Katze nicht erwische.

Trotzdem streichelte sie die Katze gerne, es war schön, wenn das Tier dabei zufrieden schnurrte und den Buckel etwas stellte. Warum streichelten sich die Menschen nicht ebenso? Oder taten sie es nur heimlich, nachts hinter dem Haus, oder wenn sie zueinander »mis Böckli« sagten?

»Margret, wie geht's der Anna?« rief der Vetter im Flur nach oben, und von oben hörte man ein »Pssst!« der Base, und dann ein leichtes Knarren der Treppenstufen. »Sie schläft«, sagte sie zu ihrem Mann, und dann traten die beiden in die Küche.

»So ein Sauwetter!« sagte Paul und schüttelte den Kopf fast wie sein Hund vorhin, »man wird naß bis auf die Knochen.«

Die Großmutter schenkte ihm aus ihrer großen Kanne einen Kräutertee ein, und der Base auch, und beide setzten sich an den Küchentisch, und sie sprachen davon, ob man emden solle oder nicht, die Großmutter erzählte, wer alles schon geemdet habe, und Paul sagte, denen verfaule das Heu im Schober, so feucht sei es, und er wolle einfach warten, bis wenigstens einen Tag die Sonne scheine, das werde doch Petrus einmal einrichten können, oder was wohl in den gefahren sei, heute habe er ja gedonnert wie schon lang nicht mehr, gell, Didi, es hätte nicht viel gefehlt, und du hättest den Berg hinauf schwimmen müssen.

Katharina nickte stumm. Wieder so ein Witz, den Berg

hinaufschwimmen … Sie konnte sowieso nicht schwimmen, wo auch, wie auch, niemand konnte schwimmen im Dorf. Im Sommer, wenn es heiß war, versuchten die Buben manchmal, mit Steinbrocken ein kleines Becken am Raminerbach zu stauen und legten sich dann in den Unterhosen ins kalte Wasser, aber das war nichts für Mädchen. Katharina setzte sich gern ans Ufer des Baches und tauchte ihre Füsse hinein, bis es sie fror. Dann hielt sie die Füsse an die Sonne, bis sie wieder durch und durch warm waren. Frieren war schön, wenn man sich nachher wieder aufwärmen konnte. Hoffentlich war Lisi inzwischen trocken. Und warum wechselte Paul seine Kleider nicht? Sein hellblaues Hemd war über den Schultern und bis zu den Ellbogen dunkelblau von der Nässe. Wieso sagte die Großmutter nichts dazu? Sie war doch die Mutter von Paul. Oder war sie die Mutter der Base? Als Katharina mit Kaspar hereingekommen war, konnten sie sich nicht einmal an den Tisch setzen, so schnell war die Großmutter mit den neuen Kleidern da. Aber der Vetter war erwachsen, die Base war auch erwachsen, da konnte einem die Mutter nichts mehr befehlen.

»Ich hab die zwei abgeholt«, sagte die Großmutter, »als es am ärgsten gewitterte, waren sie beim Ende der unteren Matte.«

»Die zwei?« fragte Paul. Ob denn die Regula oder der Jakob noch mitgekommen seien. Nein, der Kaspar, sagte die Großmutter, wenn's ans Gebären gehe, seien ja immer die Kleinsten am lästigsten, und Kaspar sei so müde gewesen, daß er am Küchentisch eingeschlafen sei.

»Was hältst denn du vom Wetter, Kathrinli?« fragte der Vetter unvermittelt.

Auf diese Frage war Katharina nicht gefaßt. Gerade

hatte sie sich überlegt, daß man nach der Geburt des neuen Kindes von ihr nicht mehr sagen könne, sie gehöre zu den Kleinsten, und daß es schon deshalb gut war, wenn dieses Kind so bald wie möglich zur Welt käme. Und Kaspar würde sich wundern, wie schnell es ginge, bis das neue Kind Ättis Liebling wäre. Die Kleinsten waren seltsamerweise nicht nur die lästigsten, sondern auch die liebsten.

»He?« doppelte der Vetter nach und zwinkerte ihr fröhlich zu.

Katharina ärgerte sich. Was sollte diese Frage? War das wieder ein Scherz? Was konnte sie denn vom Wetter halten? Dasselbe wie alle. Ein Sauwetter. Auch sie hatte lieber, wenn die Sonne schien. Sie atmete tief auf und sagte: »Vielleicht kommt bald die Sintflut.«

Erstaunt blickten sie die drei Erwachsenen an.

6

Katharina saß zuunterst am langen Tisch in der Küche, oder war es zuoberst, neben ihrer Base, und hörte zu, wie die Vettern stritten.

Sie saßen ihr gegenüber, Paul war der älteste, aber auch der kleinste von allen, er war sogar etwas kleiner als seine junge Frau, das war Katharina aufgefallen, als die beiden zusammen zur Küchentür hereinkamen. Er hatte krauses Haar und listige Augen. Er sprach schnell, und Katharina traute ihm nicht ganz, wie allen, die gern Witze machten. Wer einen Witz machte, sagte nicht das, was er meinte, und Katharina fürchtete immer, er sage das, was er meine. Wie sollte sie sofort merken, ob ihr ein Schmied ein Hufeisen an die Ferse nageln wollte oder ob ein Vetter vielleicht einen Sennenhund auf sie losließ?

Johannes hingegen war groß, bedächtig und gutmütig. Er sprach langsamer als Paul, bei ihm war sie sicher, daß er das meinte, was er sagte. Auch er hatte krauses Haar, aber ein breiteres Gesicht und eine große Nase, und seine Lippen standen immer ein bißchen offen, auch wenn er nichts sagte.

Fridolin war der einzige von den dreien, der einen Schnurrbart trug. Seltsam, daß auch er krauses Haar hatte, denn das Haar der Großmutter war ganz glatt, sie hatte es nach hinten gekämmt und dort zu einem Zopf geflochten, der wie eine zusammengerollte Schlange auf ihrem Hinterkopf lag. Katharina wußte nicht, wie alt die Großmutter war, sie wußte nur, daß sie noch viele Söhne und Töchter hatte, viel mehr als ihre Eltern, und eigentlich müßte eine solche Frau schon längst graue Haare haben, wie die alte Elsbeth im Haus neben der »Meur«, aber Grosis Schlangenzopf war braun und kräftig, und ihre Haut war zwar etwas runzlig, aber sie hatte eine Farbe wie frisches Birnenbrot.

Fridolin schaute, wenn er redete, immer ein bißchen nach oben, als blicke er in die Berge. Gerade hatte er erzählt, wie er heute zu einem Taglohn gekommen war, obwohl die Schieferwerke, in denen er arbeitete, gestern wegen der Steinschlaggefahr geschlossen wurden. Er hatte den Leuten von der Wirtschaft »zum Martinsloch«, die genau unter dem Steilhang des Plattenbergs stand, geholfen, ihre Sachen auf ein Fuhrwerk zu tragen und damit nach Matt zu Verwandten zu fahren. Dort hatten sie Kästen, Truhen, Betten, Tische und Stühle in eine Scheune gestellt, bis das Gröbste vorbei sei, wie Fridolin sagte.

Die seien ja nicht bei Trost, fand Paul, das Gröbste sei doch längst vorbei, und wegen der paar Steine mache man wohl nicht einen Gasthof zu, jetzt gehen halt alle, die eins trinken wollen, in die »Meur«, das kommt dann deinem Vater zugut, gell, Didi, der ist nicht so ein Angsthase und fährt Knall auf Fall nach Matt, wenn's am Berg oben ein bißchen rumpelt.

Katharina nickte nur. Schon wieder tauchte dieses Wort auf, an dem sie keine Freude hatte. War man wirklich ein Angsthase, wenn man nicht von einem Stein getroffen werden wollte? Was mußte man denn sein, wenn man kein Angsthase sein wollte? Ein Muthase? Katharina kam kein passendes Wort in den Sinn für jemanden, der sich unten an eine Wand stellte, aus der Steine herunterfielen.

Nun entgegnete Fridolin seinem Bruder, das Gegenteil sei der Fall, und nicht bei Trost wären die Wirtsleute, wenn sie bleiben würden, denn vorgestern sei es ja vom Gelben Kopf heruntergekommen und hätte die halbe Rütiweid zugedeckt, daß sogar der Gemeinderat hinaufgegangen sei, und gestern um fünf habe es einen solchen Knall gegeben, als schieße General Suworow aus der größten Kanone auf die Franzosen, und was da den Berg herabgekugelt sei, habe die halben Schiefermagazine kaputt gemacht, ein Glück, daß es keinen von ihnen getroffen habe, und beim »Martinsloch« sei ein Felsen direkt hinters Haus gefallen, so daß die Fensterscheiben zersprungen und die Hirschgeweihe von den Wänden gefallen seien, und der nächste Brocken könne mir nichts dir nichts auf das Hausdach fallen, da sei noch genug Ware oben.

Jetzt drehte sich Johannes zu ihm und fragte ihn, warum er denn noch weiter im Schiefer arbeite, wenn es so gefährlich sei.

Wo er denn sonst arbeiten solle, fragte Fridolin und blickte zu seinem und seiner Brüder Schatten, die durch die Talglichter auf dem Tisch wie eine Bergkette an die Wand geworfen wurden. »Viereinhalb Franken am Tag«, sagte er, »wo verdiene ich das. Etwa in deiner Schreinerei?«

Im Moment, sagte Paul, verdiene er offenbar gar nichts am Tag, wenn die von der Gemeinde nichts besseres wüßten, als den Schieferbruch zu schließen.

Die von der Gemeinde wüßten schon, was sie machen, sagte Fridolin, und morgen gehe eine Kommission an den Hang hinauf, um nachzusehen, was los sei.

Wer denn dabeisein werde, bei dieser Kommission, fragte Paul spöttisch.

Er habe gehört, sagte Fridolin, der Bergführer Elmer werde mitgehen.

»Der Peter?« fragte Johannes erstaunt.

Nein, der Heiri, und ein Gemeinderat, und dann sicher noch jemand vom Kanton.

»So, so, vom Kanton«, sagte Paul, »und wer wohl?«

Das wußte Fridolin nicht, und einen Augenblick lang schwiegen sie und schauten auf ihre Tassen, auf ihre Teller mit den Käserinden und die leere Schüssel, in der die Kartoffeln gewesen waren.

»Der Förster Seeli«, sagte Katharina.

Alle Köpfe drehten sich zu ihr, die Bergkette an der Wand schwankte, die Gipfel neigten sich zur Seite, als stürzten sie im nächsten Moment ein.

»Woher willst du das wissen, Kind?« fragte das Grosi.

Diesen Namen hatte ihr Nachbar, der Bannwart, heute mittag dem Vater in der Gaststube genannt, und Katharina hatte so lange gelacht, bis sie der Vater zurechtgewiesen hatte, denn sie begriff nicht, daß jemand so heißen konnte, und erst noch ein Förster, sie stellte sich einen kleinen See vor, der durch den Wald wanderte und zwischen den Bäumen durchflutschte.

Erneut mußte sie ein bißchen lachen und sagte den zugewandten Köpfen, woher sie den Namen hatte.

»Schau, schau, die Didi«, sagte Paul und nickte, und dann sagte er zu seinem jüngsten Bruder, wenn es dem Seeli und seinen Kumpanen einfallen sollte, die Schieferwerke zu schließen, könne er ihm ja beim Emden helfen.

Was er bezahle, gab Fridolin sofort zurück. – Ein Viertel, sagte Paul. – Roten oder Weißen? Das sei wohl nicht sein Ernst – Nein, ein Viertel des Schieferlohnes, mehr könne er nicht geben, und er gehöre schließlich zur Familie und wohne auch hier – dafür gebe er der Mutter ja ein Kostgeld ab – aber davon habe er nichts, und so ging es hin und her, bis Johannes seinem Bruder die Hand auf die Schulter legte und sagte, er könne auch zu ihm in die Schreinerei kommen, sie könnten einen

Handlanger brauchen, und er denke, er kriege dort die Hälfte des Schieferlohnes, auf jeden Fall mindestens 2 Franken.

Katharina hatte den Verdacht, das sei nicht ganz die Hälfte, 2 Federn kosten 4 Rappen, was kostet 1 Feder, das war die Art von Rechnungen, und bei viereinhalb müßte man einhalb auch durch zwei teilen, aber das konnte sie noch nicht.

Ob sie dem Zentner sein Haus neu täfern müßten oder wieso sie auf einmal zu wenig Leute hätten, fragte Paul.

Nein, erwiderte Johannes, es gehe um etwas anderes.

»Worum denn?« fragte Fridolin.

»Um das Sarglager«, sagte Johannes. Der Meister habe festgestellt, daß sie fast keine Särge mehr hätten, und sie sollten immer von jeder Größe ein paar auf Vorrat haben, man wisse nie, wann man den nächsten benötige. Letzte Woche hätten sie gleich zwei Säuglingssärge gebraucht, als der Elmer Luise die neugeborenen Zwillinge kurz hintereinander gestorben seien, und jetzt seien die Kindersärge ausgegangen, ganz zu schweigen von denen für Dicksäcke oder Bohnenstangen, fügte er mit schwerem Lachen bei.

Pauls schnelles Lachen kam hinzu, Fridolin lächelte abwesend, die Großmutter schüttelte mißbilligend den Kopf, und die Base sagte: »Aber Johannes.«

Katharina lachte nicht mit. Beim Wort »Kindersärge« war sie zusammengezuckt. Sie sah wieder das Grab von Afra Bäbler vor sich, und dann dachte sie, daß ein Säuglingssarg höchstens halb so groß war wie ein Kindersarg. Der Schreiner kauft für einen Kindersarg Bretter von 5 Fuß Länge. Er halbiert sie für einen Säuglingssarg. Wie lang wird der Säuglingssarg? Rechne Fuß und Zoll in die neuen Maße um. Und auf einmal war sie wieder im

Zimmer bei ihrer heftig atmenden Mutter. Was, wenn das Kleine sterben würde, gleich nach der Geburt? Müßte ihm dann Johannes ein Särglein schreinern? Mit Fridolin als Handlanger? Sie nahm sich vor, beim Nachtgebet ganz fest dafür zu beten, daß das Kind gut auf die Welt kam und mit ihnen aufwachsen konnte, damit es auf keinen Fall ein Särglein brauchte und stark genug wurde, um später mit Kaspar auf die »Bleiggen« zu gehen, wenn das nächste auf die Welt käme.

Nero bellte, man hörte die Kette rasseln, und eine Männerstimme sprach ihm ruhig zu, worauf er still wurde. Es klopfte, die Tür in den Vorraum ging auf, und die Stimme rief: »Ich bin's!«

»Komm herein!« rief die Großmutter, ohne aufzustehen. Sie schien zu wissen, wer hier »Ich« sagte.

Die Küchentür öffnete sich, und ein junger Mann stand da, der sie fast ganz ausfüllte und einen gewaltigen Schatten über die Decke warf. Jetzt erkannte ihn auch Katharina. Es war Hans-Kaspar, der ihre Schwester nachts hinter dem Haus geküßt hatte. Er wohnte im Nachbarhaus in der »Bleiggen«.

»Setz dich«, sagte die Großmutter, und sie und Margret, die nebeneinander saßen, rückten näher zu Katharina.

Hans-Kaspar nahm neben der Großmutter Platz, und diese schenkte ihm eine Tasse Tee ein. »Wer will sonst noch?« fragte sie. Katharina schob ihre Tasse gegen die Tischmitte, und sie wurde ihr noch einmal gefüllt. Zu Hause gab es für die Kinder immer nur eine Tasse. Die Großmutter nahm auch die Tasse der Base und füllte sie nach. »Trink, Margret«, sagte sie und gab sie ihr zurück, »damit das Kind zu trinken hat.«

Paul stand auf, ging zum Schränklein neben dem Herd, nahm eine Flasche und ein paar kleine Gläser heraus, stellte alles auf den Tisch, öffnete die Flasche und schenkte dann vier Gläser ein. Ein scharfer Geruch kitzelte Katharinas Nasenflügel, ein Geruch, den sie gleichermaßen liebte wie verabscheute. Sie liebte ihn, weil er auf eine seltsame Art nach Kräutern roch, und sie verabscheute ihn, weil die Männer meistens zuviel davon tranken und dann laut und bösartig wurden.

Die vier Männer hoben die Gläser und tranken einen Schluck.

Dann fragte die Großmutter den neu Eingetretenen: »Was gibt's?«

Der sagte, er käme grad von der »Meur«, er solle sie alle grüßen, und die Hebamme sei bei der Kathrin und bleibe über Nacht, sie meine, das Kind könne von einer Stunde auf die andere kommen.

»Gut, daß sie dort ist«, sagte die Großmutter, »gell, Margret?«

Margret nickte. Bei ihr war die Hebamme zu spät gekommen, vor einem halben Jahr, weil alles so schnell ging, und als sie auf der »Bleiggen« eintraf, war die kleine Anna schon da, und die Großmutter hatte ihr geholfen dabei, mit dem Pressen und dem Herausziehen und der Nabelschnur, dem Blut und dem heißen Wasser, als hätte sie das ein Leben lang gemacht.

»Heut nacht wollen wir für sie beten«, sagte die Großmutter und blickte mahnend in die Runde. Einen Moment lang sagte niemand etwas. Katharina erschrak, weil sie merkte, daß sie nur für das Kindlein hatte beten wollen, aber natürlich war die Mutter gerade so wichtig, ja viel wichtiger, es wäre schlimmer, wenn der Mutter etwas passierte als dem Kindlein, denn das kannte sie ja noch gar nicht.

»Und die Anna hat wohl nur dich gegrüßt?« fragte

Paul, worauf alle drei Vettern vielsagend lachten. Katharina glaubte Hans-Kaspar erröten zu sehen. Er antwortete jedenfalls nicht auf die Frage, sondern sagte nur, er sei nachher noch im Gasthof Elmer gewesen, und morgen gehe eine Kommission den Plattenberg hinauf, und ob sie schon wüßten, wer dabei sei.

»Der Förster Seeli«, sagten alle wie aus einem Mund.

Hans-Kaspar war erstaunt. Woher sie das wüßten, fragte er.

Paul wies mit dem Kopf auf Katharina und sagte. »Von unserer Ältesten.«

Wieder erfüllte ein mehrstimmiges Lachen den Raum, und die Bergkette an der Wand erzitterte. Endlich ein Witz, den Katharina sofort verstand. Sie war ja gar nicht die Älteste am Tisch, sondern die Jüngste. Hörbar und schnell kicherte sie mit, und die Männer tranken nochmals einen Schluck.

Wer denn sonst noch dabei sei, fragte Paul den etwas enttäuschten Nachbarn.

Heiri Elmer, der Bergführer, Samuel Freitag, der Gemeinderat, und der Kreisförster Marti.

Was, rief Paul, der Marti, der komme doch aus Matt, und den Elmern brauche sicher nicht einer aus Matt zu sagen, was sie zu tun hätten.

»Lauter Förster«, murmelte Fridolin, »hoffentlich verstehen die auch etwas von den Steinen.«

Bäume gäbe es jedenfalls genug dort oben, sagte Johannes, die liegen ja schon kreuz und quer, das sehe man von hier aus, und wenn die nur jemand holen würde, das gäbe Särge für das ganze Dorf.

Er solle aufhören mit seinen Särgen, sagte die Großmutter, sie wollten jetzt an etwas Fröhlicheres denken.

»Also denken wir an den Kantonsförster«, schlug Paul

vor, und fuhr weiter, zu Hans-Kaspar gewandt: »Ist er denn schon da?«

Ja, sagte dieser, er sei vor einer Stunde eingetroffen und im Gasthof Elmer abgestiegen.

Nun, sagte Fridolin, dann gelte es wohl ernst, das heiße wohl auch, daß morgen immer noch nicht gearbeitet werde im Schieferwerk, oder?

Ja, bestätigte Hans-Kaspar, und das habe er ihm eben auch noch sagen wollen.

»Also, dann komme ich mal«, sagte Fridolin zu Johannes und kraulte sich in seinem Schnurrbart, »dann komme ich mal zu dir und deinen Särgen.«

7

Schaudernd lief Katharina in ihrem Nachthemd vom Abort, der sich am hinteren Ende des Vorraums befand, zur Treppe, schaudernd vor Kälte und schaudernd vor Angst. Sie haßte dieses Loch, auf das man sich setzen mußte, um das Wasser abzulassen; sobald man den schweren Deckel davon abgehoben hatte, stiegen ekle Gerüche wie böse Geister aus einem finstern Verlies herauf, und ein kalter Windhauch leckte einem den Hintern. Meistens war der Rand des Lochs noch feucht oder sogar unrein, vom letzten, der darauf gesessen hatte, und man mußte sich mit einem Tüchlein abputzen, das neben dem Loch lag und das meistens auch nicht sauber war. Zu Hause war es noch schlimmer als hier, denn dort benutzten die Wirtshausgäste denselben Abort wie sie und Rhyners, und Katharina wußte noch gut, wie sie einmal in die Hosen gemacht hatte, weil einer zu lange draufsaß. Sie sollten, hatte ihnen Lehrer Wyss eingeschärft, nachher immer die Hände am Brunnen waschen. Das galt jedoch nur bei einer der beiden Verrichtungen, bei derjenigen, die sie zu Hause die dicke Tante nannten. Jetzt war Katharina bei der dünnen Tante, aber sie hatte eine solche Angst, daß sie zu früh wieder aufstand und noch auf den Rand des Lochs pißte. Im Dunkeln fand sie kein Tüchlein, um das Holz zu säubern, legte den Deckel rasch wieder auf die Öffnung, um die Stinkgeister zu bannen, und huschte in den Vorraum.

Die Tür zur Küche, hinter der sich die Stimmen der Männer balgten, stand noch offen, davor lag ein Lichtstreifen wie ein durchsichtiger Teppich auf den Dielenbrettern und erhellte den steilen Weg zum Schlafgaden.

Als sie die Treppe hinaufging, hörte sie unter sich ganz leise die Stufen knarren und war stolz darauf. Sie mußte eben allein darauf treten, dann merkte die Treppe schon, wer sie war. Aber ein bißchen gruselte es sie auch. Nachts war es nicht dasselbe wie am Tag, und wer konnte schon wissen, ob die Abortgeister nicht Verwandte im Treppenhaus hatten, Basen vielleicht, die leise seufzten, wenn man ihnen weh tat. Auf einmal wäre sie froh gewesen, sie hätte die Schuhe noch an. Zwar war das Nachthemd, das sie in der Stube übergestreift hatte, vom großen Schieferofen angenehm durchwärmt, aber um so hinterlistiger schlich sich die Kälte über Katharinas nackte Fußsohlen ein, um sich wie ein ungebetener Gast unter ihrem Hemd einzunisten. Vor dem Ofen hatte ihr die Großmutter die beiden Zöpfe geöffnet, obwohl Katharina das schon längst selbst konnte, die dachte wohl, sie sei noch ein kleines Kind und hatte keine Ahnung, daß sie bereits eine Treppe zum Knarren brachte.

Oben sah sie gerade noch genug, um die Tür zu ihrem Zimmer zu öffnen, und erschrak, wie laut diese ächzte. Neue Geister meldeten sich, das mußten Vettern der Treppen- und Stinkgeister sein, die in den Türangeln hausten. Hastig tastete sie sich am großen Bett entlang, schlug das Leintuch zurück und schlüpfte hinein. Sie hatte sich auf kalte Laken gefaßt gemacht und freute sich, als sie mit ihren Zehen ein Säcklein mit heißen Kirschensteinen spürte, und als sie das Leintuch zwischen sich und dem schlafenden Bruder etwas anhob, strömte eine Wärme herüber, als sei dort ein kleiner Kachelofen in Betrieb. Sie zappelte einen Augenblick mit den Beinen, um die Kälte vollends zu vertreiben, und zog sich dann das Bettlaken so weit über den Kopf, daß nur noch ihre Haare herausschauten. Beim Gedanken an die unbekannten und unsichtbaren Wesen, die man im ganzen Haus vermuten mußte, verkroch sie sich so tief, daß auch ihre Haare im Bett verschwanden. Bald hatte sie aber zu wenig Luft und streckte die Nase behutsam unter dem Leintuch hervor, richtete sich auf und klopfte sich eine Delle ins Kissen, in die sie nachher ihren Kopf legte.

Wie recht sie mit ihrer Vorsicht hatte, zeigte sich, als wenig später die Treppengeister stöhnten und ein unerlöster Lichtschimmer vor dem Türspalt auf und ab tanzte. Katharina tauchte wieder unter die Decke und rückte so nahe zu Kaspar, daß sich ihre Beine berührten.

»Schläfst du schon, Kind?«

Katharina zog den Rand des Leintuchs mit beiden Händen bis knapp unter die Augen. Das Grosi stand mit einer Kerze im Türrahmen, die im Luftzug unruhig flackerte.

»Nur fast«, antwortete Katharina leise.

Im Kerzenlicht sah die alte Frau riesenhaft aus, ihre Nase, so schien es Katharina, hatte die Größe einer Kartoffel, und als sie jetzt langsam auf das Bett zukam, wankte an der Zimmerdecke eine gewaltige Schattengroßmutter mit.

»Wir wollen noch beten«, sagte die Großmutter. Da sie das Licht nirgends abstellen konnte, faltete sie die Hände so, daß sie gleichzeitig den Kerzenhalter umfaßten, und sagte dann halblaut:

»Gott Vater auf dem Himmelsthron,
und Jesus Christus, Gottes Sohn!
Beschützet uns jahrein, jahraus,
behütet Acker, Rind und Haus
und alle, die darinnen sind,
auch Katharina, Euer Kind.«

»Amen«, wisperte Katharina. Sie hatte ihre Hände über der Bettdecke gefaltet und schaute nach oben. Über ihr war der Dachgaden, darüber das Dach, darüber die Regenwolken, darüber der Himmel, und im Himmel war der Thron, auf dem Gott Vater saß und der merkwürdigerweise nicht hinunterfiel, obwohl er doch sehr schwer sein mußte, mit kostbaren Verzierungen aus Gold, Silber und Edelsteinen. Vielleicht wurde der Thron die ganze Zeit von Engeln getragen, die auf der Stelle flatterten wie die Hühnerweihe, bevor sie sich auf ihre Opfer stürzten, und wenn Afra Bäbler jetzt ein Engel war, kam sie wohl auch einmal dran. Ob es nicht sehr kalt war dort oben? Je höher man stieg, desto kälter wurde es, und oben am Hausstock war der Meergletscher, der auch im heißesten Sommer nicht schmolz.

»Und an die Mutter wollen wir jetzt auch noch denken«, fügte die Großmutter hinzu, »damit sie das Kindlein gut zur Welt bringt.«

Katharina sauste mit ihren Gedanken aus dem himmlischen Thronsaal in die »Meur« und war froh, daß dort schon die Hebamme mit ihrem roten Haarbändel saß und auf die Mutter aufpaßte. Wieviele Kindlein wurden wohl im ganzen Land in dieser Nacht geboren? Oder auf der ganzen Welt? Wie es Gott Vater und sein Sohn Jesus wohl machten, daß sie allen helfen konnten, die zu ihnen beteten? Gut, nach China mußten sie nicht, dort waren die Heiden, aber es blieben noch genug Christen, und nicht nur im Kanton Glarus, sogar in Amerika, ein Bruder der Mutter, Niklaus, war dorthin ausgewandert, letzte Woche war ein Brief von ihm gekommen, der war tagelang auf der Wirtshaustheke gelegen, neben oder auf oder unter dem Buch mit den unbezahlten Rechnungen, und Vater hatte ihn allen gezeigt, die ihn sehen wollten, und gesagt, Niklaus heiße jetzt Nick. Hoffentlich, und dieser Gedanke durchzuckte Katharina wie ein böser Gewitterblitz, hoffentlich war Gott Vater nicht gerade in Amerika, wenn das Kindlein zur Welt käme, und was wäre, wenn auch Jesus keine Zeit hätte, um in Elm vorbeizuschauen? Für diesen Fall war es umso besser, daß die Verena Elmer da war. Sollte Katharina nicht auch zu ihr beten? Oder für sie mindestens, damit ihr Gott Kraft gab, wenn er schon selbst nicht kommen konnte. Aber vielleicht kam er ja auch selbst, oder Jesus, oder beide, der Pfarrer Mohr hatte gesagt, Gott sei eben überall, das war das Besondere an ihm, also gerade das, was sie sich so schwer vorstellen konnte.

»Schau, wie der Kaspar schläft«, sagte die Großmutter. »Wenn er erwacht und einen Brunnen machen muß, oder auch du, dann hat es unter dem Bett auf jeder Seite einen Nachthafen.«

Katharina nickte und dachte mit Ekel daran, wie sie ihrem kleinen Bruder heute schon einmal geholfen hatte, bei der dünnen Tante, und was die Folgen gewesen waren. Sie wünschte sich von ganzem Herzen, er schlafe bis am Morgen.

»Also dann«, sagte das Grosi und wendete sich gegen die Tür. Eigentlich hatte Katharina gehofft, die Großmutter streiche ihr noch übers Haar, wie die Mutter es immer tat.

»Grosi«, sagte Katharina, »gell, bei dir ist es immer gut gegangen, wenn ein Kindlein auf die Welt kam?«

»Ja ja«, sagte die Großmutter, »bei der Geburt schon.«

»Und wieviele Kindlein hast du zur Welt gebracht?«

»Dreizehn.«

»Soviel?« Katharina konnte es kaum glauben, obwohl sie sich jetzt erinnerte, diese Zahl auch schon gehört zu haben, dreizehn, oder eher zwölf. Dann bekämen sie ja, wenn es bei ihnen auch soviel würden, noch einmal soviele Geschwister, wie sie bereits hatte, oder sogar noch mehr. Wo sollten die alle Platz haben, wenn sie jetzt schon zu viert in einem Bett schliefen? Im Stall, wie das Jesuskindlein? Im Sommer waren zwei Kühe mit ihren Kälbern auf der Alp, da ginge es, aber jetzt dann, wenn sie wieder herunterkämen, würde es schwierig. Oder man müßte einmal bei Rhyners fragen nebenan.

»Und ist nie eines gestorben?«

»Doch«, sagte die Großmutter, »eines, ein einjähriges. An der Rotsucht. Die andern zwölf sind alle groß geworden.«

»Und wie hieß das Gestorbene?«

Die Großmutter seufzte. »Kaspar«, sagte sie.

»Kaspar?« Katharina stutzte. »Aber ein Vetter heißt doch Kaspar?«

»Der kam zur Welt, als der erste schon gestorben war. Da haben wir's halt noch einmal probiert.«

Das war schön, daß man es noch ein zweitesmal probieren konnte. Wenn also das neue Kindlein sterben sollte, würden es wahrscheinlich auch ihre Eltern noch einmal probieren. Aber wie genau? Da war wieder diese Frage, die sich Katharina nicht zu stellen getraute – sie war mindestens so gefährlich wie die Frage nach dem Tod des Großvaters – und solange Großmutter ihr die Zöpfe löste, bekäme sie von ihr auch keine Antwort darauf, da konnte sie durch alle Gewitter der Welt zu ihr gehen, mit dem kleinen Kaspar an der Hand.

»Also dann«, sagte die Großmutter und wandte sich erneut zum Gehen.

»Grosi«, sagte Katharina schnell, »wieso geht der Weg zur ›Bleiggen‹ durch ein Haus?«

Die Großmutter lachte. »Was du alles wissen willst«, sagte sie, »weil der Weg schon immer dort durchging, bis einer ein Haus darüber baute, und als man merkte, daß es genau auf dem Kirchweg stand, hat man ihm befohlen, alle dort durchzulassen, die von der ›Bleiggen‹ ins Dorf gingen oder vom Dorf in die ›Bleiggen‹. Und das ist heute noch so.«

Katharina dachte an das Husten hinter der Türe und die Stimme, die von der Sintflut gesprochen hatte. Sie war froh, daß durch ihr Haus in der »Meur« kein Kirchweg führte, so daß jeder, der wollte, ihre Treppe hinaufsteigen dürfte. Es genügte, daß so viele fremde Leute in die Gaststube kamen.

Tief aufatmend setzte sich Kaspar neben ihr auf, blinzelte von der Großmutter zu seiner Schwester und von der Schwester wieder zur Großmutter. Dann verzog sich sein Gesicht zu einem Weinen.

»Schlaf weiter«, sagte Katharina und klopfte ihm das Kopfkissen zurecht, »wir sind beim Grosi.«

Der Kleine blieb aufgerichtet, als überlege er sich, ob es sich zu weinen lohne. Als Katharina sagte: »Muesch ke Angscht ha«, und ihm dabei über die Haare strich, war sein Entscheid gefallen. Der Entscheid war: Nicht weinen, den Kopf in das schöne, weiche Kissen legen, zur Schwester schauen, die Augen zufallen lassen und sofort wieder einschlafen.

»Braves Kind«, sagte die Großmutter, »gute Nacht.«

»Grosi«, sagte Katharina, »wie ist – «

»Pssst, Didi!« sagte die Großmutter und hielt einen Finger an die Lippen, »gute Nacht jetzt!«

»Gute Nacht«, flüsterte Katharina und sah zu, wie das Flämmchen zur Tür hinausschwebte, gefolgt von der Schattenriesin, die auf einmal von der Dunkelheit verschluckt wurde. Die Tür war zu. Diesmal schien es Katharina, als hätten die Geister gequietscht vor Freude, weil sie jetzt zwei Kinder gefangen hatten. Es wäre ihr lieber gewesen, das Grosi hätte die Tür einen Spalt offen gelassen, dann hätte sie vielleicht noch einen kleinen Schimmer des Lichts aus der Küche gesehen.

Katharina wagte jedoch nicht mehr, das Bett zu verlassen und die Tür zu öffnen. Sie war ja ein braves Kind, hatte die Großmutter gerade gesagt. Oder hatte sie Kaspar gemeint?

Katharina horchte.

Aus der Küche war ein Lachen zu vernehmen, aber es kam von weit her, wie aus einem andern Land.

Die Treppengeister beklagten sich über die Schritte der Großmutter.

Die Tür zur Küche wurde geschlossen, das Gelächter verstummte.

Jetzt war es ganz still. Katharina hörte nichts als das Atmen ihres Bruders und das Pochen ihres Herzens.

»*Ich* bin das brave Kind«, dachte Katharina, »und *ich* muß keine Angst haben.«

Nach einer Weile klopfte ihr Herz weniger stark, und draußen begann es zu regnen. Ein Windstoß trieb die Regentropfen gegen die Fensterläden. Katharina dachte an die Sintflut, sie hatte die Großmutter noch nach dem Ausgang der Geschichte fragen wollen, das wußte sie sicher, es stand ja in der Bibel und hatte mit Kröpfen und Kindermachen nichts zu tun. Bestimmt waren nicht alle ertrunken, sonst gäbe es heute keine Menschen mehr.

Irgendwo in der Ferne krachte es. Hoffentlich kein Felsbrocken, dachte Katharina. Aber was sollte es sonst sein?

Sie dachte an die »Meur«, und wie jetzt wohl alle auf

die Geburt warteten, der Ätti mit Anna und Jakob und Regula unten in der Gaststube, die Mutter mit der Hebamme in ihrem Zimmer oben, keuchend und schwitzend, und Züsi in ihrem Nestlein unter der Treppe. Schnell faltete sie die Hände und betete lautlos: »Lieber Gott, mach, daß der Felsbrocken nicht auf die ›Meur‹ stürzt.«

Sie hatte die Hände noch nicht voneinander gelöst, als es ein zweitesmal krachte, und sogleich betete sie weiter: »Lieber Herr Jesus, wirf diesen Brocken in den Raminerbach!«

Jesus war doch der Sohn des lieben Gottes, also staute er sicher gern Bäche wie ihr Bruder Jakob und seine Freunde, oder er warf gern Steine in einen Bach, und weil er alles konnte, konnte er auch einen ganzen Felsen in den Bach werfen, daß es hoch aufspritzte ringsum, so hoch, daß davon ein Regen über das ganze Tal niederging, ein Regen, der unaufhörlich lange an die Fenster trommelte.

8

»Guete Tag, guete Tag!
jublet's Spätzli ufem Hag.«
Irgendwo im Haus sang eine Frauenstimme diesen Kinderreim.

Katharina erwachte und merkte als erstes, daß sie ihre Puppe in der Wohnung unten vergessen hatte. Sonst nahm sie sie immer mit ins Bett, aber gestern war eben alles anders gewesen; vom Abort war sie nicht mehr zurück in die Stube gegangen, und so saß wohl Lisi immer noch auf dem Sofa und wartete auf sie.

Durch die Spalte der Fensterläden sickerte das Tageslicht. Katharina war erleichtert, daß die Nacht vorbei war, und sie genoß es, im Bett soviel Platz zu haben. Neben ihr schlief Kaspar immer noch. Sie streckte sich und stieß mit den Zehenspitzen auf das erkaltete Säcklein mit den Kirschensteinen. Als sie mit dem Fuß etwas auswich, spürte sie, daß das Unterleintuch feucht war. Sie hob die Decke etwas an, schaute darunter und sah einen großen, nassen Fleck, von dem ein warmer Pißgeruch ausging. Ihr kleiner Bruder hatte also ins Bett gemacht.

Katharina überlegte sich sofort, ob sie etwas dafür konnte. Nein, sie konnte nichts dafür, gar nichts. Sie erinnerte sich, wie er gestern kurz aufgewacht war, als sie noch mit der Großmutter plauderte, und die hätte ihn ja auch auf den Nachttopf setzen können. Von dann an hatte sie geschlafen bis jetzt.

Beim Gedanken an den Nachttopf fühlte sie plötzlich ein mächtiges Ziehen im Bauch. Solange niemand sie holte, wollte sie noch nicht hinuntergehen, deshalb stieg sie aus dem Bett, bückte sich, zog den Nachthafen hervor und setzte sich darauf. Mit einem hellen Geräusch prallte ihr Wasserstrahl auf den Boden des Gefäßes, danach klang es eher wie das Plätschern eines Brunnens, und dann war sie fertig. Rasch schob sie den Topf wieder unters Bett und ging zum Fenster.

Sie öffnete einen Flügel, klinkte den Haken, an dem der Laden eingehängt war, aus und stieß beide Fensterläden auf. Einen Moment lang mußte sie die Augen zukneifen.

Draußen lag die Landschaft da wie frisch gewaschen, alles war naß und glanzte, die Wiesen, die Bäume, die Felswände gegenüber, die Wälder und die Gräte. Viele kleine Wolken hingen an den Abhängen wie vergessene Putzlumpen. Der Himmel ließ sich nur stückchenweise blicken, die meisten Gipfel versteckten sich unter Nebeln, die ständig in Bewegung waren.

Im Berggrat gegenüber erkannte sie das Martinsloch, durch das zweimal im Jahr die Sonne auf Elm herunterschien, bevor sie aufging. Das letzte Mal, im Frühling, waren sie mit der ganzen Schulklasse auf die Wiese hinter der Kirche gegangen und hatten zugeschaut, wie die Sonnenstrahlen zuerst auf den Kirchturm trafen, wie sie dann die Dächer des Dorfes streiften samt ihnen allen, die da standen, und wie sie dann wieder verschwanden und erst ein bißchen später wiederkamen, als die Sonne über dem Grat richtig aufging.

Das hatte Katharina gefallen, und der Lehrer sagte damals auch, wie selten so etwas sei, das gebe es in der ganzen Schweiz nicht mehr, und deshalb seien auch extra Leute aus Zürich und St. Gallen gekommen und hätten im Gasthaus Elmer übernachtet, nur um diesen kurzen Gruß der Sonne durch das Martinsloch zu sehen. Am nächsten Tag passierte nochmals dasselbe, und dann mußte man ein halbes Jahr warten, bis es wieder soweit war. Eigentlich, dachte Katharina, kann es nicht mehr lang dauern, und hoffentlich regnet es dann nicht.

Der Lehrer hatte ihnen auch erklärt, warum die Sonne nicht immer am gleichen Ort aufging, es hing damit zusammen, daß die Tage länger und kürzer wurden, und auch, daß sich alle Sterne bewegten, sogar die Erde, obwohl man nichts davon merkte, wenn man am Morgen die Fensterläden aufmachte.

Jetzt mußte die Sonne schon aufgegangen sein, aber sie war irgendwo hinter dem Nebel weit oben verborgen.

Katharina blickte zum Steilhang des Plattenbergs hinüber. In der Mitte quollen einige graue Wölklein auf, die fast aussahen wie diejenigen nach den Sprengungen. Ob man von hier aus erkennen konnte, wo es gestern so gepoltert hatte? Alles, was ihr auffiel, war weit oben im Tschingelwald eine Reihe von Tannenbäumen, die so schief standen, als wären sie mitten im Fällen erstarrt. Vielleicht waren das die neben dem »großen Chlagg«, der Spalte, von der die zwei Wildheuer in der Gaststube erzählt hatten. Die sei so tief, hatten sie gesagt, daß man einen Stein, den man hineinwerfe, nicht aufschlagen höre.

Das glaubten sie ja selber nicht, schrie daraufhin einer mit geröteter Nase hinter einem Schnapsglas hervor, und als einer der Wildheuer zurückgab, er könne ja selber hochgehen, rief der Schnapstrinker, er sei nicht verrückt, und Peter Elmer sagte laut, wenn der hinaufginge, würde er wohl im Suff in den »Chlagg« stürzen, und dann würde man schon hören, wo er aufschlage. Daraufhin erhob sich der Rotnasige so schnell, daß der Tisch, an dem er saß, umkippte und sein Glas am Boden zersplitterte, und sofort standen alle andern auch auf und schauten sich lauernd an, und hätte sich nicht in dem Moment der

Ätti dazwischengestellt und drohend gesagt, wenn sie sich prügeln wollten, dann draußen, hätte es bestimmt eine Schlägerei gegeben.

Es wäre für Katharina nicht die erste gewesen, und sie war denn auch sofort aufgestanden und zur Treppenhaustür getreten, damit sie wenn nötig fliehen konnte. War das aber nicht nötig, schaute sie jeweils mit Angst und Neugier zu, wie die Männer einander packten. Erst wenn Flaschen durch den Raum flogen, rannte sie schnell nach oben.

Ab und zu kam es auch vor, daß sich ein paar Burschen nachts vor dem Gasthaus in die Haare gerieten, wenn der Vater die Wirtschaft schon geschlossen hatte. Das letzte Mal hatten Jakob und Regula Katharina geweckt, und sie hatten alle drei kichernd zum Fenster hinaus zugeschaut, wie sich zwei Männer mit den Fäusten in Gesicht und Magen schlugen, angefeuert von einem kleinen Kreis von Zuschauern, der sich um sie herum gebildet hatte und der sich mit den beiden über den ganzen Vorplatz bewegte, wenn einer den andern zurücktrieb. Als der Vater schließlich herauskam, um die Streithähne fortzujagen, blutete der eine schon aus dem Mund. Jeder wurde von seinen Freunden in die Mitte genommen, und im Mondschein entfernten sich beide Gruppen gegen die eiserne Brücke und wurden immer kleiner, aber ihre gegenseitigen Beschimpfungen waren noch lange zu hören, es war, als werfe der Mond das Echo zurück.

Die »Meur« und das Untertal konnte man von hier aus nicht sehen, sie wurden durch einen Waldstreifen unterhalb des Hauses verdeckt. Über den Weg, der vor dem Haus durch zum Dorf führte, ging niemand. Katharina blickte an der Hauswand hinunter und betrachtete den kleinen Garten, in dem neben Salatbeeten gelbe und rote Blumen blühten. Zwischen den Beeten suchten zwei Hühner leise gackernd nach Körnern. In einer Ecke wuchsen riesige Rhabarberblätter fast über den Zaun hinüber.

Katharina fröstelte, es war kühl draußen. Vielleicht scheint heute wieder einmal die Sonne, dachte sie und schaute noch einmal zu den Gipfeln und Gräten. Durch das Martinsloch drang eine kleine Wolke, als schnaubte ein Drache aus seinen Nüstern, und dann verschwand es ganz. Überall wälzten sich Wolken und Nebel von oben herab, und bald war am Himmel kein einziges Flecklein Blau mehr übrig. Eine Rauchfahne schlich sich vom Haus zum Weg hinunter. Es roch nach Feuer.

Katharina schloß das Fenster und schlüpfte wieder ins Bett zurück. Sie kuschelte sich ganz an den Rand, so daß sie mit der genäßten Stelle nicht in Berührung kam. Aber der üble Geruch drang durch die Decke und ging nicht weg.

Katharina horchte. Wer war wohl schon auf?

In der Küche unten scheppterte etwas, ein Schürhaken vielleicht, oder eine Ofenklappe, oder ein Wasserschaff.

Jetzt wurde die Küchentüre geöffnet, und Katharina hörte, wie das Grosi sagte: »Ade, Paul.« Kurz danach knarrte die Haustür, und draußen bellte Nero, der aber bald durch die Stimme des Vetters beruhigt wurde. Von der kleinen Anna kein Laut, obwohl man ihr schon ein Morgenliedchen gesungen hatte. Und wo war die Base?

Nun knarrte der Boden vor der Tür. Katharina erinnerte sich plötzlich an ihre Furcht gestern nacht, und sie begriff gar nicht, warum sie sich so geängstigt hatte. Waren die Geräusche nicht dieselben? Nein, sie waren nicht dieselben. Ein Geräusch, das von Dunkelheit umgeben war, war etwas ganz anderes als ein Geräusch in der Helligkeit. Die Türangeln ächzten geradezu fröhlich, als jetzt die Base hereinschaute und fragte: »So, was machen unsere zwei Schlafmützen?«

»Ich bin schon wach«, sagte Katharina rasch.

Sie war etwas enttäuscht, daß es nicht die Großmutter war, die sie wecken kam. Die Base war schon angezogen. Sie trug einen blauen Rock mit einer braun und weiß gestreiften Schürze darüber. Die Haare hatte sie aufgesteckt, aber nicht so wie die Großmutter, eher wie ein Vogelnest, dachte Katharina.

»Und der da?« fragte die Base und wies mit dem Kopf auf Kaspar.

»Der hat ins Bett gemacht«, sagte Katharina.

Die Base lachte. »Oh je«, sagte sie, »dann müssen wir das Leintuch wechseln.« Sie werde, fuhr sie fort, heute sowieso Windeln waschen, das gehe dann im gleichen zu.

Kaspar wand sich aus dem Bett, stand auf, blickte verdutzt von der Base zur Schwester und sagte dann: »Muß brünzeln.«

»Da«, sagte die Base, bückte sich und zog Kaspars Nachttopf unter dem Bett hervor.

Kaspar streifte seine Unterhosen hinunter, setzte sich auf den Hafen und ließ sein Wasser fahren. Dann furzte er, und klatschend fiel ein Häufchen in den Topf. Sofort stank es im ganzen Zimmer; Katharina verzog das Gesicht.

»Bin naß«, sagte Kaspar, als er aufstand.

»Ja«, sagte Katharina, »du hast ins Bett gemacht.«

Kaspar schüttelte den Kopf, aber Katharina schlug die Bettdecke so weit zurück, daß der Fleck zu sehen war. »Dafür haben wir doch den Nachthafen«, sagte sie streng.

Kaspar starrte fassungslos auf das nasse Bettuch. Er

konnte keinen Zusammenhang zwischen diesem feuchten Klacks und sich selbst herstellen.

»Komm, Kaspar«, sagte die Base und nahm ihn an der Hand, »wir gehen hinunter und ziehen uns an. Und du«, sagte sie zu Katharina, »leerst die beiden Nachttöpfe und kommst dann auch in die Stube.«

Als die Base mit Kaspar den Schlafgaden verlassen hatte, überlegte sich Katharina einen Augenblick, ob sie die Nachthäfen einfach aus dem Fenster in den Garten schütten sollte, aber sie wagte es nicht. Es mißfiel ihr, daß diese eklige Aufgabe an ihr hängen blieb, aber schließlich mußte sie das zu Hause auch tun, wieso sollte es hier besser sein.

Mit zusammengebissenen Lippen ergriff sie zuerst ihren eigenen Topf, dann den ihres Bruders, ging damit vorsichtig die Treppe hinunter und weiter zum Abort, stellte die Töpfe auf den Boden, hob den Deckel zur Seite und leerte einen der Töpfe nach dem andern ins stinkende Loch. Nun sollten sie noch ausgewaschen werden, und Katharina wußte, daß auch das von ihr besorgt werden mußte.

Sie schlüpfte in ihre Schuhe, ohne sie zu binden, und stopfte die Bändel nur lose hinein. Als sie die Tür zum Vorplatz öffnete, knurrte es aus dem Hundehäuschen.

«Schön brav, Nero«, sagte sie ängstlich und trippelte am Hund vorbei, der sie, den Kopf auf die Pfoten gelegt, nicht aus den Augen ließ. Sie hielt die beiden Nachttöpfe unter den Brunnenstrahl, streckte nachher auch ihre Hände darunter und wusch sich damit das Gesicht. Die Kälte fuhr ihr durch Finger und Wangen in den Körper, und schnell packte sie die Nachtgeschirre wieder, rannte ins Haus, ließ sie samt den Schuhen unten an der Treppe stehen und ging dann durch die Küche in die Stube, wo sie sich sofort auf das Sofa kniete und an den warmen Schieferofen schmiegte. Ihre Holzpuppe saß immer noch da.

»Armes Lisi«, sagte Katharina, »bist die ganze Nacht auf dem Sofa gesessen. Hast du keine Angst gehabt?«

»Nein«, piepste sie selbst mit einem Puppenstimmchen, »ich bin kein Angsthase.«

»Ja ja«, sagte Katharina, »ganz tapfer bist du, ich weiß. Willst du heute nacht bei Nero draußen schlafen?«

»Nein, bei dir«, piepste die Holzpuppe.

Kaspar bekam von der Base soeben das Hemd von gestern übergezogen und hörte dem Gespräch belustigt zu. »Und bei mir«, sagte er und hüpfte auf und ab.

»Aber nur wenn du nicht ins Bett machst«, sagte die Puppe. »Hast du gehört?«

Aus Kaspars Gesicht verschwand die Freude.

»Mach nicht ins Bett«, brummte er.

»Sicher?« fragte die Puppe nach.

Kaspar nickte.

»Das ist gut«, sagte Lisi, »sonst beiß ich dich nämlich ins Schwänzchen.«

»Nicht«, sagte Kaspar erschrocken.

»Doch«, hauchte Lisi unerbittlich.

»Nein, nicht«, sagte Kaspar.

»So, Schluß jetzt, Kinder«, sagte die Base. Sie wandte sich zu Katharina mit der Aufforderung, ihre Kleider anzuziehen, die am Ofen hingen, und dann in die Küche zu kommen. »Und die Zöpfe?« fragte sie, als sie schon mit Kaspar auf der Schwelle stand.

»Wo ist das Grosi?« fragte Katharina.

»Das Grosi ist wieder ins Bett. Es ist ihm nicht so gut«, sagte die Base, »aber ich helfe dir dann nach dem Frühstück.«

Katharina zog zuerst die Unterhose an und dann das Nachthemd aus; danach streifte sie sich das Unterhemd über. Wunderbar warm waren die Kleidungsstücke nach einer Nacht am Kachelofen. Als sie sich überlegte, ob die Großmutter wohl krank sei, interessierte es sie vor allem, ob diese ihren Zopf schon gemacht und aufgesteckt hatte, oder ob sie mit offenen Haaren im Bett lag, und ob sie dann auch so anders aussähe, wie gestern ihre Mutter. Auf einmal kam ihr in den Sinn, weshalb sie in der »Bleiggen« war. In den Unterkleidern ging sie in die Küche hinüber und fragte das Bäsi: »Ist das Kind schon auf der Welt?«

»Wir wissen noch nichts«, sagte die Base und hieß Katharina, nicht herumzulaufen wie ein gerupftes Huhn, sondern sich fertig anzuziehen und sich dann neben Kaspar zu setzen, der schon vor einem Stück Brot und einer Kachel heißer Milch saß, die ein kleines bißchen mit Kaffee gefärbt war.

9

Nein, das sind nicht unsere Hühner«, sagte die Base, die sich mit Katharina zusammen zum Stubenfenster hinaus lehnte und in den Vorgarten hinunterschaute, »unsere sind alle gesprenkelt.« Dann klatschte sie in die Hände, zischte dazu und rief: »Fort mit euch!«, und Katharina klatschte und zischte mit.

Die beiden weißen Hühner drückten sich gackernd an die Rhabarberblätter am Zaun, hielten ihre Köpfe schräg und blickten vorwurfsvoll an der Hauswand hinauf.

Hinter Katharina drängte sich Kaspar und rief: »Will auch schauen!«

Katharina schubste ihn zurück, doch die Base beugte sich zu ihm nieder, griff ihm unter beide Arme und hob ihn vor sich zum Fenstersims, an dem er sich nun festhielt.

»Gsch – gsch!« zischte er und fragte dann: »Wo sind die Hühner?«

»Dort, bei den Rhabarbern!« sagte Katharina, und fügte leise, aber deutlich hinzu: »Du Tötschli.«

»Kein Tötschli«, gab Kaspar zurück und rief dann nochmals, diesmal in die richtige Richtung: »Gsch – gsch! Fort, fort!«

Aber die Hühner blieben stehen, wo sie waren, und gackerten bloß aufgebracht vor sich her.

Die müssen, meinte die Base, von der hinteren »Bleiggen« entlaufen sein, dort seien lauter weiße, und Katharina solle doch schnell zur Barbara hinüber und es ihr sagen.

Katharina war inzwischen angezogen, sie hatte wieder den entliehenen blauen Lavendelrock aus Grosis Schrank an, und ihre eigene braune Schürze darüber.

Das Sonntagskleid, mit dem sie gestern hergekommen war, solle sie morgen anziehen, hatte die Base gesagt, als sie ihr den Dreck aus dem Saum gebürstet hatte, Sonntag sei ja erst morgen. Die Zöpfe waren geflochten, aber nicht aufgesteckt, sie baumelten ihr auf die Schultern. Nur noch die Schuhe mußte sie anziehen, und dann konnte sie gehen.

Der erste Knopf mit den Schnürsenkeln gelang ihr nicht. Hilfesuchend blickte sie sich im Vorraum um, wo sie auf der kleinen Schuhbank saß, aber dann besann sie sich darauf, daß sie allein eine Treppe zum Knarren bringen konnte, also konnte sie auch allein die Schuhe binden, und schon hatte sie einen schönen Knopf zustande gebracht. Erst als sie beide Schuhe an den Füßen hatte, sah sie, daß die zwei Nachttöpfe noch unten an der Treppe standen. Die würde sie später hinauftragen, wenn sie wieder zurück wäre.

Das hintere »Bleiggen«-Haus war gleich das nächste am Weg. Trotzdem ging Katharina nicht gern. Eigentlich hatte sie sich vorgestellt, sie käme ein paar Tage hierher in die Ferien, aber kaum war sie da, mußte sie schon etwas tun, und natürlich brauchte Kaspar nicht mitzukommen, sondern durfte bei der Base in der warmen Stube bleiben. Zu Hause wurde sie manchmal zur alten Elsbeth geschickt, um Eier zu holen, wenn sie in der Gaststube welche brauchten und selbst keine mehr hatten. Doch das war nicht dasselbe, denn die alte Elsbeth kannte sie, die roch immer nach dem Tabak ihres Mannes, und ihr Mann war der obere Jaggli, der dauernd hustete, weil er immer eine Pfeife im Mund hatte, und er hieß der obere Jaggli, weil in Untertal auch noch der untere Jaggli wohnte, auf dem Weg von der »Meur« zur eisernen Brücke, und auch den unteren Jaggli kannte sie, samt seiner Frau, obwohl sie dort nie Eier holen mußte, und sogar die Elsbeth, ihre Tochter, die eine Frau war und keinen Mann hatte und deshalb auch keine Kinder, was vielleicht mit ihrem Kropf zusammenhing, der ihr am Hals klebte wie eine Kröte, würde sie wohl auch einmal daran sterben, wie der Großvater, der Kropftod könnte am ehesten so gehen, daß sich der Kropf einfach immer stärker aufblähte, bis man eines Tages daran erstickte. Erschrocken griff sich Katharina an den Hals und war froh, daß sie dort nichts würgte.

Sie war um eine kleine Wegbiegung gekommen und sah schon das Dach des Hauses, zu dem die Hühner gehörten.

Zu fremden Leuten ging Katharina ungern, und die Barbara kannte sie kaum. Sie wußte nur, daß sie die Mutter von Hans-Kaspar war, der mit Anna hinters Haus ging und der am Vorabend in die Küche gekommen war, und sie war auch die Mutter von Lena, die mit ihr zur Schule ging. Lena hatte keinen Vater mehr, und sie kam immer barfuß. Einmal hatte Katharina gesehen, wie Lena mit einem Suppengeschirr aus der Armenstube kam.

Wenn Lena keinen Vater mehr hatte, dachte Katharina, dann hat ja die Barbara auch keinen Mann mehr. Wer schaut denn wohl nach dem Hof?

Eine Kuh stand am Wegrand und glotzte Katharina an.

Katharina dachte an ihre Kühe Bleß und Stern, die beide noch auf der Falzüber-Alp waren, und an ihre Kälber. Die Milch hatten sie in der »Meur« von der dritten Kuh, der Lobe, die als einzige im Sommer dablieb. Etwa in vierzehn Tagen, hatte der Vater kürzlich gesagt, kämen Bleß und Stern wieder zurück, und Katharina war neugierig, wie groß dann die Kälber sein würden. Auch auf Grosis Hof war nur eine Kuh zurückgeblieben für die

Milch, sie hieß Blüemli, und Katharina hatte Paul gestern abend zugeschaut, wie er sie gemolken hatte. Die andern waren auf der Alp, aber sie wußte nicht, wieviel es waren.

Als sie den Pfad einschlug, der jetzt vom Weg nach unten abbog, kläffte vor dem Haus ein Hund. Katharina blieb stehen.

Eine Frau trat aus der Tenne neben dem Haus und sah sich um. Über dem Tennstor hing schief der gebleichte Schädel einer Kuh, ein Horn zeigte nach unten. Jetzt hatte die Frau das Mädchen erblickt.

»Was willst du?« rief sie.

Offenbar wußte sie nicht, wer dort stand. Zwei kleine Buben kamen zur Haustür heraus und starrten zum Weg hinauf. Der Hund war inzwischen zur Frau gelaufen und bellte an ihrer Seite ununterbrochen weiter.

Katharina überlegte einen Augenblick, was sie eigentlich wollte, und rief dann: »Ich bin die Katharina!«

Die Frau wußte immer noch nicht Bescheid.

»Was?« schrie sie zurück.

Die hielt sie wohl für ein Bettelkind, daß sie ihren lärmenden Hund nicht am Halsband packte. Es war nicht leicht, ihn zu übertönen.

»Ich komme vom Grosi in der ›Bleiggen‹«! rief Katharina so laut sie konnte, und versuchte sich zu erinnern, wie das Grosi eigentlich mit Vornamen hieß, denn das Grosi war sie ja nur für sie, aber nicht für die Frau dort, welche die Barbara sein mußte. Jetzt hatte diese aber offenbar begriffen, wer sie war. Sie faßte ihren Hund am Hals, ging mit ihm die paar Schritte zur Hundehütte, band ihn dort fest und rief dann: »Kannst kommen!«

Katharina ging den Pfad hinunter zum Haus, wo die Frau sie in einer unglaublich schmutzigen Schürze erwartete, zusammen mit den zwei Buben, die sich links und rechts an einer Rockfalte hielten. Der Rock der Frau war voller Löcher, und an den nackten Füßen trug sie Sandalen, die mit Schnüren zusammengebunden waren. In ihrem Blick war nichts Freundliches, als sie fragte, ob sie die Didi von der »Meur« sei, wo es ein Kindbett gebe.

Katharina nickte und sagte dann möglichst schnell, es seien zwei weiße Hühner in Grosis Garten, und das Bäsi meine, sie kämen von hier.

Als Barbara unwirsch fragte, wieso von hier, sagte Katharina, beim Grosi hätten sie nur gesprenkelte. Das würde sie wundern, sagte Barbara, wenn ihr zwei Hühner davon wären, sie hätte den Stall nicht aufgemacht.

»Sepp!« rief sie ins Haus hinein, doch als niemand auftauchte, murmelte sie etwas von einem faulen Hund, hieß Katharina mitkommen und schlurfte um das Haus herum, gefolgt von den beiden Buben, deren Beine bis zu den Knien dreckig waren.

Als Katharina den schäbigen Hühnerstall sah, der nicht viel höher war als sie selbst, fielen ihr sofort zwei schlecht geflickte Löcher im Gitter auf. Da konnte jedes Huhn hinaus, und wenn man das Stalltürchen noch so gut schloß.

»Kannst du zählen?« fragte Barbara unvermittelt.

Katharina nickte und zählte die Hühner, die sich bei ihrer Ankunft gluckernd versammelt hatten. »Sechs«, sagte sie.

Barbara hatte mitgezählt. »Also sind es alle. Kannst der Anna ausrichten, die Hühner kämen nicht von mir.«

Eben, Anna hieß das Grosi, jetzt kam es Katharina wieder in den Sinn.

Barbara schlurfte zurück zum Haus, die Buben trotteten wortlos mit. Katharina folgte ihnen und mußte über Rechen und Heugabeln steigen, die am Boden lagen. Hinter Barbara hergehend, glaubte sie den seltsamen Kräuterduft aus der Flasche zu riechen, was sie nicht verstand, Frauen trinken ja keinen Schnaps. Der kleinere der Buben trug ein Hemd, das ihm bis knapp über die Knie reichte; ein Riß ging am Rücken fast von oben bis nach unten, ein Riß, unter dem die Haut des Kleinen zu sehen war. Der hat kein Unterhemd, dachte Katharina.

»Bist nicht in der Schule?« fragte Barbara und schaute über die Schulter zurück.

Katharina war verdutzt. »Nein«, sagte sie leise. Das sah man doch, daß sie hier war und nicht in der Schule.

Sie waren wieder bei der Hundehütte angelangt, aus welcher der Hund mißtrauisch knurrte.

»Ruhig, Sauvieh!« sagte Barbara so böse, daß auch Katharina erschrak. Sofort duckte sich das Tier und verschwand in seinem Häuschen, dem ein Stück des Daches fehlte. Barbara blieb stehen und fragte: »Und ist das Kind schon da?«

Katharina überlegte einen Augenblick, bevor sie zur Antwort gab: »Wir wissen es nicht.« Dann fügte sie hinzu: »Gestern ist die Verena zu ihr gegangen.«

Barbara seufzte und sagte: »Das gibt noch ein Maul zum Stopfen.«

Zum ersten Mal machte einer der Kleinen den Mund auf und verlangte etwas zu essen, doch Barbara herrschte ihn an, es gebe jetzt nichts, er solle warten bis am Mittag. Der Kleine begann zu wimmern, doch Barbara stand ungerührt da und schwieg.

Da sagte Katharina: »Also, ade«, und ging rasch den Pfad hinauf.

Als sie in den Weg einbog, rief ihr Barbara mit scharfer

Stimme nach: »Sag dem Anni, wenn die zwei Hühner keinen Meister haben, nehm ich sie schon!«

Katharina drehte sich um und hob die Hand zum Zeichen, daß sie verstanden hatte. Jetzt erst sah sie, daß aus dem Kamin von Barbaras Haus kein Rauch stieg. Ein hagerer Bursche, der langsam hinter der Tenne hervorkam und Katharina nachschaute, bekam von Barbara einen Schwall von Vorwürfen zu hören. Das war wahrscheinlich, dachte Katharina, der faule Hund Sepp, und sie sputete sich, um möglichst bald von diesem Haus wegzukommen, an dem sie alles abgestoßen hatte. Wenn sie das Bäsi nochmals hinschickte, würde sie nicht mehr gehen.

Sie fror ein bißchen und steckte ihre Hände in die Schürzentasche. Dort spürte sie die gedörrten Zwetschgen ihrer Mutter. Sie sah den hungrigen Kleinen wieder vor sich. Warum hatte sie ihm nicht eine davon gegeben?

In ihrem Kopf drängten sich die Antworten. Sie hatte erst jetzt gemerkt, daß sie welche dabei hatte, war eine, und die Barbara wäre wütend geworden, war die andere, und der zweite Bub hätte dann auch eine gewollt, die dritte. Das waren genug Antworten auf eine einzige Frage, und Katharina ging mit schnellen Schritten weiter, auf Grosis Haus zu, das jetzt oben am Weg auftauchte. Es begann zu tröpfeln. Mit Sonnenschein war also wieder nichts.

Schlimm war das, wenn einem der Mann starb, dachte Katharina, dann gibt's überall Löcher, in den Kleidern, im Hühnerstall und auf der Hundehütte, die Rechen liegen herum, und die Kinder haben keine Strümpfe und Schuhe und müssen für eine Suppe in die Armenstube. Da war es am Ende noch besser, man hatte gar keinen Mann, wie die Elsbeth vom unteren Jaggli, dann konnte einem auch keiner wegsterben. Und Kinder hatte halt dann jemand anders von der Familie. Im Haus des unteren und des oberen Jaggli wohnte noch einmal eine ganze Familie, und die Väter waren die Jaggli-Söhne, die oberen und die unteren, und ein Bub des oberen Jaggli-Sohnes ging mit ihr zur Schule, der hieß auch wieder Jaggli und war ein Erstkläßler, und ein Bub des unteren Jaggli-Sohnes, der schon wieder Jaggli hieß, ging in die dritte Klasse, und alle hatten kleinere und größere Geschwister, und manchmal spielten sie zusammen auf dem Vorplatz der »Meur« Blindekuh, oder Verstecken beim Raminerbach hinten, und sie hatten es viel lustiger als die Kinder der Barbara hier oben.

Nero bellte, als er Katharina kommen hörte. Wieso wollte er sie denn nicht kennen?

»Brav, Nero …« sagte sie beschwichtigend, als sie in seine Nähe kam, doch der bellte weiter. Da dachte Katharina an Barbara und schrie den Hund an: »Ruhig, Sauvieh!«, und zu ihrem Erstaunen war er sogleich ruhig und legte sich in seine Hütte.

»Die Nachttöpfe hast du vergessen«, sagte das Bäsi zu ihr, als sie gleich danach im Vorraum ihre Schuhe auszog.

»Ich wollte sie jetzt hinauftragen«, sagte Katharina.

»Wer's glaubt«, sagte die Base etwas spitz.

»Sicher«, sagte Katharina, »ich hatte eben vorher die Schuhe schon an.« Warum glaubten einem die Erwachsenen nicht? Wenn sie groß wäre, würde sie allen Kindern glauben, wenn sie sagten, sie hätten die Nachttöpfe hinauftragen wollen.

»Und? Was ist mit den Hühnern?« fragte die Base.

»Sie gehören nicht der Barbara«, sagte Katharina, »sie hat noch alle. Ich habe sie selbst gezählt.«

»Und wieviel sind es?«

»Sechs«, sagte Katharina stolz.

Mit ihr konnte man rechnen, wenn es nicht um so etwas Einfältiges wie Nachthäfen ging. Man konnte sie allein zu fremden Leuten schicken, und sie konnte sogar ihre Hühner zählen.

Die Base schüttelte den Kopf. »Merkwürdig«, sagte sie.

10

Und dann ist er ausgestiegen, der Noah, aus der Arche, mit seiner ganzen Sippschaft, als die Taube nicht mehr zurückkam und er sah, daß er wieder festen Boden unter den Füßen hatte, auf dem Berg Ararat, und der liebe Gott hat einen großen Regenbogen scheinen lassen zum Zeichen, daß er wieder Frieden haben wollte mit den Menschen.«

»Und die Tiere?«

»Die sind alle herausspaziert aus der Arche und haben sich auf der Erde verbreitet.«

Katharina saß in der Stube am Tisch, mit dem Rücken zum Fenster, und hörte ihrer Großmutter zu, die auf dem Sofa neben dem Ofen lag.

Diese war gegen Mittag wieder aufgestanden und hatte eine Suppe gekocht, mit Rüben und Graupen drin. Die Base hatte am Vormittag Windeln und auch das Leintuch am Brunnen gewaschen, und Katharina hatte mit ihr zusammen alles in der Tenne aufgehängt. Den Tropfen, die sie beim Heimweg vom hinteren »Bleiggen«-Haus gespürt hatte, war ein richtiger Regen gefolgt.

Paul war mißmutig nach Hause gekommen. Er hatte am Morgen mit Emden angefangen und dann mitten drin wieder aufgehört, als der Regen kam. Der Herrgott, sagte er am Mittagstisch, wolle offenbar mit den Elmern ein Hühnchen rupfen, vielleicht sei er doch nicht zufrieden, daß sie das alte Gesangbuch abgeschafft hätten. Die Großmutter tadelte ihn deswegen, doch Paul meinte, der Herrgott werde wohl noch einen Spaß verstehen, oder was meinst du, Didi? Nun tadelte ihn seine Frau, er solle dem Kind nicht solche Fragen stellen, und Katharina war froh, denn sie wußte keine Antwort.

Nach dem Mittagessen nahm die Großmutter ein Stück Zucker, auf das sie Baldriantropfen träufelte, und beide Kinder durften sich aus der Blechdose mit den verschnörkelten Blumen darauf auch eines heraus holen. Danach mußte Kaspar ins Bett für einen Mittagsschlaf. Er wollte die Holzpuppe Lisi mitnehmen, aber Katharina wehrte sich dagegen und setzte sie auf die Bank hinter dem Ofen in der Stube, und die Großmutter legte sich auf das Sofa, um sich auszuruhen. Sie wisse nicht, was sie habe, sagte sie, es sei ihr einfach nicht gut, aber das werde schon vorbeigehen. Dann hatte Katharina gefragt, wie die Sintflut zu Ende gegangen sei, und die Großmutter hatte ihr nochmals die ganze Geschichte erzählt.

Katharina liebte es, ihrer Großmutter zuzuhören, wenn sie erzählte. Ihre Eltern nahmen sich dazu kaum je Zeit. Wenn sie eine Frage hatte, versuchten sie meistens, so kurz wie möglich darauf zu antworten, weil sie gerade etwas anderes zu tun hatten. Die Geschichte, wie General Suworow über den Panixerpaß gezogen war, hatte Katharina vor allem von ihrer Großmutter gehört. Sie hatte ihr erzählt, wie damals Tausende von zerlumpten und abgemagerten Soldaten vom Tal her ins Dorf gekommen seien und wie sie dem Rhyner im Meißenboden alle fünf Kühe aus dem Stall geholt hatten und sie auf dem Vorplatz schlachteten und sich sofort über das rohe Fleisch hermachten, weil sie es nicht mehr ertrugen, solange zu warten, bis sie es gebraten hätten, und wie die Gedärme der Tiere dampften in der Kälte, und wie die Soldaten blutrote Gesichter hatten von ihrer schrecklichen Mahlzeit, und wie andere später sogar getrocknete Ziegenfelle ins heiße Wasser warfen, weil sie hofften, es gäbe eine Suppe daraus, und wie sie den Leuten die Kleider vom Leib rissen und die Schuhe von den Füssen, und wie dauernd die Franzosen geschossen hatten, die hinter den Russen her waren, und wie der General Suworow im Haus des Landvogts übernachtet hatte, und wie Grosis Vater, der damals ein junger Bursche war, am nächsten Morgen in der Frühe mitgehen mußte, mit einer Laterne, um den Russen den Weg auf den Panixerpaß zu zeigen, und wie es die ganze Zeit schneite, und nichts als Wolken und Wind und Nebel im ganzen Hintertal, daß einer kaum seinen Vordermann sah, und wie schon im Jetzloch soviel Schnee gelegen sei, daß selbst der Bäbler Johann, der Vater vom blinden Meinrad, der jeden Sommer als Senn im Oberstafel war, Mühe hatte, den Pfad zu finden, und wie es dann, als es auf die Paßhöhe zuging, immer eisiger wurde und die Soldaten, die oft nur Tuchfetzen an den Füssen hatten, zu Dutzenden ausglitten und mit ihren Maultieren und ihren Kanonen, die sie mitschleppten, brüllend in die Tiefe stürzten, und wie die Pferde verzweifelt gewiehert hatten, wenn sie ausrutschten und zu Tode kamen, und wie die schweren Geschütze gepoltert hatten, wenn sie sich an den Abhängen überschlugen, und wie Schneerutsche und Lawinen ganze Menschenkolonnen unter sich begruben, und wie viele Soldaten einfach hinfielen und nicht mehr aufstehen konnten vor Erschöpfung, und wie es oben auf der Paßhöhe Nacht wurde und die Reiter mit den Krummsäbeln und den langen dunklen Bärten ihre Lanzen verbrannten, damit sich der General wärmen konnte, in seinem grauen Rock und dem schwarzen Dreispitz, und wie dann der Vater und der alte Bäbler ihre Laternen gelöscht und sich im Dunkel der Nacht davongeschlichen hatten, ins Tal hinunter, zwischen erfrierenden Kriegern durch, und der blinde Meinrad trägt noch heute die dicke Mütze, mit der sein Vater auf dem Panixer war, und wer weiß, wenn ihr Vater damals nicht umgekehrt wäre, wäre er vielleicht auch irgendwo im Schnee oben ums Leben gekommen, und sie wäre heute nicht auf der Welt, und wenn sie nicht auf der Welt wäre, wäre auch ihr Schaaggli nicht auf der Welt, und dann wäre auch sie, Katharina, nicht auf der Welt.

Bei diesem Gedanken hatte es Katharina gefröstelt, und es fröstelte sie wieder, als sie jetzt daran dachte. Wenn also der Vater der Großmutter nicht umgekehrt wäre, wäre sie nicht auf der Welt.

»Du, Grosi«, fragte Katharina unvermittelt, »gell, dein Vater war kein Angsthase?«

Die Großmutter war erstaunt. »Wie kommst du darauf?«

»Weil er umgekehrt ist, statt mit dem General Suworow über den Paß zu gehen.«

Nein, sagte die Großmutter, ihr Vater sei ein mutiger Mann gewesen, aber wieso hätte er für die Russen sein Leben aufs Spiel setzen sollen. Die hatten ja das ganze Dorf ausgeplündert, und gefährlich sei es so oder so gewesen, denn die Russen hätten einen, der davonlief, auch einfach erschießen können.

»Und Noah?« fragte Katharina, »war Noah kein Angsthase?«

Die Großmutter hörte nicht auf, sich zu wundern. »Wieso meinst du?«

Die andern Menschen, sagte Katharina, hätten ihn doch ausgelacht wegen seiner Arche, mitten im Trockenen.

»Ja«, sagte die Großmutter, denn so hatte sie es ihrer Enkelin soeben erzählt, »aber Noah wußte ja, daß er diese Arche bauen mußte, das hatte ihm der liebe Gott selbst gesagt.«

Also kein Angsthase weit und breit, weder Noah noch Grosis Vater. Beide hatten irgendwie mehr gewußt als die andern, der eine wußte, daß es oben immer gefährlicher wurde, und der andere wußte vom lieben Gott, daß etwas auf die Menschen zukam. Das war natürlich das beste, wenn es einem Gott Vater direkt sagte, von seinem Himmelsthron herab.

»Grosi«, sagte Katharina, »ist der liebe Gott selber auf die Erde gekommen, oder wie hat er es Noah gesagt?«

Die Großmutter seufzte. »Ich glaube«, sagte sie, »Noah hat so fest zum Herrgott gebetet, daß er ihn gesehen hat, und dann konnte er es ihm sagen.«

Jetzt seufzte Katharina. Vielleicht hätte sie gestern auch so fest beten sollen, bis sie den lieben Gott gesehen hätte, dann hätte sie es ihm auch gleich sagen können, oder er hätte ihr sagen können, daß alles gutgehen werde mit der Mutter und dem neuen Kind, oder daß er vielleicht seinen Sohn vorbeischicke.

»Grosi«, sagte Katharina. Aber als vom Sofa ein tiefes und regelmäßiges Atmen kam, merkte sie, daß ihre Großmutter eingeschlafen war. Katharina hatte sie fragen wollen, ob wohl jetzt das Kind zur Welt gekommen sei in der »Meur«, aber woher hätte sie das wissen können, wenn niemand kam und es ihnen sagte. Oder sollte sie selbst ins Untertal hinunterlaufen und schauen, ob es soweit war? Sobald die Großmutter wach wäre, würde sie sie fragen. Katharina drehte sich um und schaute zum Fenster hinaus. Ihr Blick reichte gerade zum Plattenberg hinüber, über dem sich dicke Wolken zusammenzogen. Ein Windstoß trieb einen Schwall Regentropfen an die Fensterscheiben. Oben hörte sie den Säugling wim-

mern, und dann sprach die Stimme der Base besänftigend auf ihn ein, bis er verstummte. Paul war nicht im
Haus, er war nochmals zu den oberen Matten gegangen,
um ein Loch am Heuschober zu flicken. Fridolin war mit
Johannes in der Schreinerei im Dorf. Die beiden hatten
versprochen, nach der Arbeit in der »Meur« vorbeizuge-
hen, damit sie Bescheid geben konnten. Von Kaspar war
nichts zu vernehmen, er schien zu schlafen.

Auf den Zehenspitzen ging Katharina zum Puppenhaus hinüber, das neben der Tür zu Großmutters Schlaf
gaden am Boden stand. Es war das Puppenhaus, mit dem
schon ihr Vater und alle seine Geschwister gespielt hatten, als sie noch Kinder waren, und das Grosi hatte es extra für sie und Kaspar hervorgeholt.

Wenn man das Dach anhob, sah man in die Zimmer
hinein, es gab eine Stube, zwei Schlafzimmer, eine
Küche und dahinter einen Vorratsraum, in dem auf Re-
galen kleine Säcklein lagen, und an der Wand waren
Wachsmöcklein aufgehängt, das waren die Schinken,
und dann gab es aneinandergebundene Holzstückchen,
das waren Würste. Bewohnt wurde das Puppenhaus von
kleinen bleichen Tierknochen, die alle in winzigen Kleidern steckten, das waren die Menschen. Das kleinste
Knöchlein lag in einer Wiege neben dem Bett in einem
der Schlafzimmer. Die Wiege war aus Holz geschnitzt,
und man konnte sie sogar schaukeln. Katharina stieß sie
mit dem Zeigefinger ein bißchen an und sang ganz leise:

»Chindli my, schlof jetz y,

d Stärnli tüend scho schyne.«

Aber das Knöchelchen war nicht zufrieden und schnief-
te fast unhörbar unter seiner wollenen Bettdecke. Da
gab's nur eins, die Mutter mußte her. Sie saß gerade am
Küchentisch mit einem Pfännchen neben sich, in das sie

für eine Bohnensuppe Tannennadeln rüstete. Katharina brachte sie zu ihrem Säugling hinüber und öffnete ihr die blaue Bluse, die mit einem einzigen Knopf versehen war. Dann drückte sie den Kopf des Säuglings dorthin, wo die Brust der Mutter sein mußte, und ein feines Schmatzen war zu hören.

Katharina dachte an die Frauenbrüste, die sie gestern gesehen hatte. Sie konnte sich nicht vorstellen, daß ihr auch einmal etwas Derartiges wachsen würde und daß sich darin Milch für ein Bébé ansammelte. Aber offenbar war es unvermeidlich, denn die Brust ihrer Schwester Regula begann sich schon deutlich zu wölben, und Annas Brüste waren mindestens so groß wie die ihrer Mutter. Also würde es früher oder später auch Katharina treffen.

Als es draußen krachte, ließ sie Mutter und Kind fallen und rannte zum Fenster. Sie suchte mit den Augen den ganzen Plattenberg ab, doch es sah nirgends so aus, als wäre soeben etwas abgebrochen. Das war das Ärgerliche an den Felsstürzen: Wenn es krachte, waren die Steine immer schon unten, nie sah man einen im Augenblick, wo er sich löste.

Allerdings schien es Katharina, als sähe sie dort, wo die Tannen schief standen, ein graues Räuchlein aufsteigen. Vielleicht waren ein paar davon in den großen Chlagg gestürzt? In die Spalte, die so tief war, daß die Wildheuer die Steine nicht aufschlagen hörten, die sie hinunterwarfen?

»Was war das, Kind?« fragte die Großmutter vom Sofa her.

»Der Berg hat ein paar Tannen gefressen«, sagte Katharina.

Im Schlafgaden oben begann Kaspar zu weinen.

11

Katharina stand mit ihrem Bruder hinter dem Stall der »Bleiggen«. Der Stall stand neben dem Haus, das Haus stand am Hang, und weiter oben am Hang waren in den Wiesen Scheunen, Hecken und kleine Waldstücke zu sehen. Es hatte zu regnen aufgehört, und Kaspar hatte gesagt, er wolle zu den Säuen. Hinter dem Kuhstall befand sich ein kleiner Schweinestall mit einem eingezäunten Auslauf, der ein Stück weit den Hang hinauf reichte. Der Boden dieses Auslaufs war arg zertrampelt, vor allem im unteren Teil, wo sich eine Anzahl junger Schweine quiekend im Morast vergnügte, von dem ein stechender Geruch ausging. Die große Muttersau hielt sich ganz am oberen Ende des Pferchs auf, doch als sie die beiden Kinder zum Zaun treten sah, rannte sie mit erstaunlicher Geschwindigkeit den Hang hinunter auf sie zu und kam erst im letzten Augenblick zum Stillstand. Katharina schrie auf und sprang zur Seite, während Kaspar vor Freude auf und ab hüpfte.

»Du große Sau!« rief er lachend, und als das Tier neugierig seine feuchte Schnauze zwischen den Brettern des Zauns herausschob, kauerte er sich nieder, riß einen Sauerampfer aus und hielt dem Schwein den Stengel an die Nasenlöcher. Dieses zuckte zusammen und trottete dann grunzend zu seinen Jungen, die es sogleich von allen Seiten bedrängten.

Katharina ärgerte sich. Wieso war sie derart erschrocken und der Kleine nicht? So wie die Sau auf sie zugerast war, hätte sie sie alle zwei überrennen können, wer weiß, ob der Hag gehalten hätte.

Jetzt kletterte Kaspar auf das unterste Brett des Zaunes und schwenkte seinen Sauerampfer.

»Komm, Sau!« krähte er, und als diese seiner Einladung nicht folgen wollte, warf er ihr die Pflanze hinein.

Die Muttersau hatte sich inzwischen seitlich in den Schlamm gelegt, und die Jungen kämpften mit schrillen Lauten um eine Zitze. Als sie nach einer Weile alle zufrieden nuckelnd eine Reihe bildeten, sagte Kaspar: »Will essen«, stieg vom Zaun hinunter und ging um den Stall herum auf den Vorplatz mit dem Brunnen.

»Grosi!« rief er laut.

Katharina, die ihm gefolgt war, ermahnte ihn, leise zu sein, vielleicht schlafe das Grosi, es sei ihm nicht so gut heute.

Kaspar blieb stehen, dann rief er ebenso laut: »Bäsi!« und ging entschlossen auf die Haustür zu. Katharina fuhr ihn an, er solle aufhören zu rufen und betrat dann mit ihm zusammen den Hausflur, wo sie ihm und sich die Schuhe auszog.

Die Großmutter stand schon unter der Küchentür und fragte die beiden, ob sie die Säue gesehen hätten.

»Es sind fünf Junge«, sagte Katharina schnell, und Kaspar sagte fast gleichzeitig: »Sie trinken!« Dann fügte er hinzu: »Will essen.«

»So, so«, sagte die Großmutter und lächelte, »dann wollen wir einmal sehen.« Sie ging den Kindern voran in die Küche. Suppe sei noch da vom Mittag, ob sie sie nochmals aufs Feuer stellen solle? Kaspar war enttäuscht. Er hatte Hunger, weil er am Mittag fast keine Suppe gegessen hatte, und er hatte fast keine Suppe gegessen, weil er Suppe nicht gern hatte.

Also dann, sagte die Großmutter, dann gebe es halt ein paar Schnitze für das kleine Leckermaul, ging zum Regal mit den Gewürzen und nahm aus einem Säcklein eine Handvoll Birnenschnitze, die sie dann auf den Tisch legte. Kaspar griff sofort mit beiden Händen danach, doch die Großmutter, als sie Katharinas entsetztes Gesicht sah, sagte, die seien auch für die Schwester, und nun griff Katharina mit beiden Händen danach.

»Nicht streiten, Kinder«, mahnte die Grosmutter, »es hat genug.«

Katharina fragte, ob sie zählen dürfe, und als die Großmutter nickte, zählte sie, indem sie jedes zweite Stück ihrem Bruder zuschob, bis elf, und dann war sie fertig. Kaspar bemerkte gleich, daß das elfte Stück bei seiner Schwester blieb, und langte danach, aber Katharina hielt ihre Hand davor und fragte die Großmutter: »Wie teilt man elf durch zwei?«

»So«, sagte die Großmutter, nahm den Birnenschnitz und aß ihn selbst.

Während die Kinder nun ihre Schnitze zu kauen begannen, setzte sie sich wieder an den Tisch, auf dem ein Haufen Kartoffeln lag und fuhr fort, diese mit einem Rüstmesser zu schälen. Die Schalen ließ sie auf den Tisch fallen, die geschälten Kartoffeln legte sie in eine Schüssel.

»Das ist für das Abendessen«, sagte sie, »am Samstag gibt es bei uns immer Kartoffelfenz.«

Katharina war nicht begeistert. Eigentlich hatte sie gehofft, es gebe einmal einen heißen Schinken oder sonst ein Stück Fleisch, wie an Neujahr, wenn sie jeweils die Großmutter besuchten. Trotzdem nickte sie, als die Großmutter sie fragte, ob sie das gerne habe. Immerhin hatte sie den Fenz mit Kartoffeln lieber als den, der nur mit Käse und Ziger gemacht wurde, vor allem den Zigergeruch fand sie widerlich.

Die Großmutter rülpste.

»Ich weiß nicht, was das ist«, sagte sie, »mir ist die ganze Zeit ein wenig übel.«

»Magenwunder«, sagte Katharina.

»Was?« fragte die Großmutter.

Magenwunder, wiederholte Katharina, Magenwunder-Tropfen müsse sie schlucken.

Sie habe nur Baldrian-Tropfen, antwortete die Großmutter, und die habe sie schon genommen, und was das überhaupt für Tropfen seien.

Die bringe der Appenzeller, der im Säli der »Meur« den Leuten Pillen und Tropfen verkaufe, sagte Katharina. Das war immer ein besonderer Tag, wenn der kleine Mann mit dem großen Räf am Rücken kam, dann war das Wirtshaus voll von Menschen, die alle warteten, bis sie einzeln zum Appenzeller ins Säli durften, und an diesen Tagen waren oft mehr Frauen als Männer in der Wirtsstube, das gefiel Katharina besonders.

Ach was, sagte die Großmutter, sie brauche keine Quacksalbertropfen, und Baldrian hätte schon ihrer Mutter und ihrer Großmutter geholfen, und wie zur Bekräftigung holte sie sich noch einmal das Fläschchen aus dem Küchenschrank. Als sie die Zuckerdose öffnete, stand auf einmal Kaspar neben ihr und sagte: »Will auch eins.« Die Großmutter steckte ihm ein Stücklein zu, legte sich selbst eins auf einen Löffel, träufelte dann die Tropfen darauf und wartete, bis der Zucker in braune Klümpchen zerfiel.

»Und ich?« fragte Katharina.

»Du bist doch schon ein Schulkind«, sagte die Großmutter, »du solltest mehr Vernunft haben.«

Dann steckte sie sich den Löffel in den Mund und schluckte die Medizin mit unbewegtem Gesicht hinunter.

Katharina war empört. Nur weil sie schon allein zur Barbara gehen konnte und auch wußte, wie man Hühner und Schweine und Schnitze zählt, sollte sie keinen Zucker bekommen, und der Kleine, der nichts konnte außer ins Bett machen und einer Sau mit einem Sauerampferstengel in der Nase herumkitzeln, daß sie davonlief, der hatte dafür einen Zucker zugut. Manchmal verstand sie die Erwachsenen nicht.

»Also gut«, sagte die Großmutter, die ihre Verstimmung bemerkt hatte, »nimm dir eins«, und hielt ihr die Dose hin.

Errotend griff Katharina hinein, nahm sich ein Stück heraus und murmelte einen Dank. Es gefiel ihr nicht, daß die Großmutter erriet, was sie dachte, und der Zucker, den sie nun im Mund zergehen ließ, schien ihr weniger süß als der nach dem Mittagessen.

»Noch eins«, bettelte Kaspar, doch die Großmutter stand schon am Küchenschrank und versorgte die Dose wieder.

»Iß deine Schnitze, Chäppli«, sagte sie und rülpste dann nochmals. Deutlich war zu hören, wie ihr Magen rumpelte.

Kopfschüttelnd hielt sie die Hand an die Schürze und setzte sich wieder hin.

Die Base trat in die Küche, mit der kleinen Anna auf dem Arm.

»Wie geht's euch, Mutter?« fragte sie.

»Bei mir rumort's heute«, sagte die Großmutter.

Sie setze ihr einen Kräutertee auf, sagte Margret, das werde ihr guttun, und sie nehme dann auch einen, und die Kinder sicher auch, oder, Didi?

Katharina nickte, aber Kaspar stand auf und ging zur Stubentür. »Will spielen«, sagte er, »mit dem Puppenhaus.«

Mißtrauisch verfolgte ihn Katharina mit ihren Blicken.

Konnte man ihn wohl mit dem Puppenhaus allein lassen? Der war imstande und zerbrach eine Puppe oder ließ sie fallen und trat dann mit dem Fuß darauf. Prüfend schaute sie zur Großmutter, aber die hatte offenbar nichts dagegen und ordnete Katharina auch nicht zur Bewachung ab, also blieb sie bei den Frauen sitzen.

»Kannst du mir die Anna halten?« fragte die Base und reichte Katharina das Kind, ohne eine Antwort abzuwarten. Vorsichtig umfaßte Katharina das Kleine, das sich zuerst mit den Beinen gegen sie sperrte und ihrer Mutter nachblickte, die sich zur Herdtür bückte und zwei Holzstücke nachschob. Die Base sagte ihrem Kind, es müsse keine Angst haben, sie sei ja da, und das sei jetzt eben die Didi, die passe schon auf sie auf. Dann schöpfte sie mit der Kelle Wasser aus dem Schaff in eine Pfanne, holte vom Gewürzregal eine Dose mit getrockneten Kräutern herunter und streute eine Handvoll ins Wasser. Als sie die Pfanne auf den Herd stellte, zischte dieser, als sei er entrüstet über diese Zumutung, und sandte ein weißes Räuchlein nach oben.

Es rumpelte. Margret schaute zu ihrer Schwiegermutter.

Die lachte. »Das war nicht ich«, sagte sie, »das war der Plattenberg.«

Margret nahm ein Schälmesser aus der Schublade des Küchenschranks und setzte sich an den Tisch, um beim Kartoffelrüsten zu helfen. »Hoffentlich hat sie's jetzt hinter sich«, sagte sie.

»Ja«, sagte die Großmutter, »sie ist schließlich nicht mehr die Jüngste.«

Katharina horchte auf. Was sollte das heißen, nicht mehr die Jüngste? War ihre Mutter etwa nicht jung? Jung und stark und gesund?

»Wie lang kann man Kinder haben?« fragte sie und erschrak gleichzeitig über ihre Frage. Das war wohl fast so schlimm, wie zu fragen, wie man an einem Kropf stirbt. Aber zu ihrem Erstaunen bekam sie eine richtige Antwort.

»Als der Fridolin zur Welt kam«, sagte die Großmutter, »da war ich sechsundvierzig.«

»Und dann?« fragte Katharina.

»Dann kam keins mehr«, sagte die Großmutter.

Als sie schwieg, überlegte sich Katharina, ob sie die entscheidende Frage stellen sollte, warum dann keins mehr kam, aber sie wagte es nicht. Eigentlich war es ja auch klar; wenn man einmal sechsundvierzig war, war man einfach zu alt, um noch Kinder zu bekommen, und fertig. Wahrscheinlich würde man die Anstrengung gar nicht mehr ertragen, die ganzen Schmerzen und all das Schnaufen, Schwitzen und Keuchen. Oder sollte sie doch weiterfragen? Katharina holte tief Atem und fragte dann:

»Wann kommen Johannes und Fridolin?«

»Wahrscheinlich bald«, sagte die Großmutter, »am Samstagnachmittag hören sie früher auf.«

Die kleine Anna war unzufrieden und stemmte ihre Füsse gegen Katharinas Oberschenkel. Katharina drehte sie von sich weg, so daß sie ihre Mutter sehen konnte, die ihr gegenüber neben der Großmutter und dem Kartoffelhaufen saß.

Margret winkte Anna zu, und Anna lächelte und war für ein Weilchen beruhigt. Als sie kurz darauf zu jammern begann und mit den Füßen zappelte, nahm Margret eine Kartoffel und ließ sie über den Tisch rollen. Katharina fing sie auf und rollte sie zu Margret zurück, und diese schickte sie mit den Worten »Was kommt denn da?« wieder auf denselben Weg. Anna wurde sofort still und verfolgte den Vorgang mit großen Augen.

Als die Kartoffel wieder von Katharina auf Margret zu kugelte, griff die Großmutter danach und legte sie auf den Haufen. »Mit dem Essen spielt man nicht«, sagte sie.

Margret errötete, atmete heftig auf und setzte sich ganz gerade hin. Anna fuchtelte mit den Händchen, schaute auf den Kartoffelhaufen und fing wieder zu quengeln an.

»Jetzt war sie gerade so schön ruhig«, sagte Margret.

»Kannst sie ja hinlegen«, sagte die Großmutter und rüstete ungerührt weiter. Der Haufen mit den Schalen wuchs, der Haufen mit den Kartoffeln wurde kleiner.

Von weither erklang ein Jodelruf, zweistimmig.

»Da kommen sie«, sagte die Großmutter, wollte sich erheben und fand keine Kraft dazu.

»Laß es sein«, sagte Margret, stand auf, öffnete das Fenster und rief zurück. Anna war ganz still geworden und schaute von der Mutter zur Großmutter und von der Großmutter wieder zur Mutter.

Katharina sagte, sie wolle in die Stube ans Fenster, stand auf und reichte Anna sorgfältig der Base. Diese kam ebenfalls mit, und beide öffneten ein Fenster und schauten auf den Weg hinunter. Kaspar drängte sich auch hinzu, aber als niemand zu sehen war, ging er wieder zur Puppenstube zurück.

»Die Hühner sind immer noch da«, sagte die Base, und Katharina sah, wie sie zwischen den roten und gelben Blumen herumspazierten. Dann blickte sie wieder zum Weg hinunter, auf die Stelle, wo er zum Waldstück herauskam.

»Dort sind sie!« rief sie, als sie die zwei Brüder auftauchen sah, und dann schrie Margret: »Ist das Kindlein auf der Welt?«

»Nein!« rief Johannes zurück, »aber die Kathrin hat die Wehen, und die Hebamme ist bei ihr!«

Anna, erschrocken über die laute Stimme ihrer Mutter, begann zu weinen. Katharina hörte hinter sich ein übles Geräusch und drehte sich um. Kaspar hatte ins Puppenhaus erbrochen.

12

Und, wie heißt er?« fragte Paul. Er saß mit Johannes und Fridolin, der Großmutter, Margret und Katharina am Küchentisch um eine große Pfanne, aus der sie gemeinsam den Kartoffelfenz aßen. Hans-Kaspar war gerade hereingekommen und stand, die Jacke über der Schulter, unter der Küchentür.

»Er?« sagte er und lachte, »es ist ein Mädchen. Vor einer Stunde zur Welt gekommen.«

Ein Ausruf der Freude ging durch die Küche, und alle sprachen durcheinander.

Katharina hörte die Großmutter »Endlich!« sagen, »Geht's ihr gut?« die Base, und Fridolin »Dem Schaaggli wär ein Bub sicher lieber gewesen.«

»Wieso denn?« Das war Pauls Stimme. »Serviertöchter kann er doch immer brauchen, besonders wenn ihm eine weggeschnappt wird!«

Großes Gelächter, Hans-Kaspar wurde rot, man lud ihn ein, sich zu setzen, Paul stand auf und holte die Flasche und die kleinen Gläser aus dem Küchenschrank, schenkte ein, und dann erhoben sie sich und stießen miteinander auf das Neugeborene an.

Katharina blieb sitzen. Als es einen Augenblick still war, weil sich alle aufatmend vom scharfen Getränk erholen mußten, fragte sie:

»Und wie heißt es?«

Hans-Kaspar stutzte. Davon habe gar niemand gesprochen, sagte er, die seien froh gewesen, daß es überhaupt kam, es müsse schwer gewesen sein, aber der Kathrin gehe es gut, die Anna habe ihr schon einen großen Krug Tee gebracht.

»Haben die Eltern nie davon geredet, wie das Kind

heißen soll?« fragte die Großmutter. Katharina merkte, daß die Frage an sie ging, denn alle Köpfe drehten sich zu ihr. Sie versuchte sich zu erinnern. Einmal, kam ihr in den Sinn, hatte der Vater gesagt, wenn es ein Bub werde, solle er Samuel heißen. Aber ein Mädchenname war nie genannt worden.

Sie schüttelte den Kopf. Das mit Samuel ging niemand etwas an, es war ja jetzt ein Mädchen, und heimlich freute sich Katharina darüber.

Nun wurde aufgezählt, welche Namen schon vergeben waren. Anna hieß nach der Mutter des Vaters, Regula nach der Mutter der Mutter, Katharina nach der Mutter selbst, und nun wäre eigentlich die Großmutter des Vaters drangewesen, die auch die Großmutter von Fridolin, Johannes und Paul war, oder eine der beiden Großmütter, und die eine hatte Euphemia geheißen, die andere Verena. Man einigte sich rasch auf Euphemia, das sei ein ganz besonderer Name, und das sei auch eine ganz Besondere gewesen, ihre Mutter, sagte die Großmutter, eine starke Frau, die am Morgen früh ihren jüngeren Bruder Melchior zur Welt gebracht hatte und am selben Abend schon wieder im Stall war, um die Kühe zu melken, weil ihr Mann vom Viehmarkt in Glarus noch nicht zurück war. Sogleich stießen die Erwachsenen nochmals an, auf Euphemia, die »Fämmi«, wie Paul sagte.

Katharina kam dieser Name für ein neugeborenes Kindlein höchst unpassend vor. Wer erst eine Stunde auf der Welt war, konnte doch auf keinen Fall schon Euphemia heißen. Verena schon eher, Vreneli, das ging für ein Bébé. Abgesehen davon entschieden wohl immer noch ihre Eltern, wie das Schwesterchen heißen sollte, und nicht die Verwandten auf der »Bleiggen« oben.

»Eßt, bevor's kalt wird!« sagte die Großmutter, und alle

stießen ihre Gabeln in die halbharte Kartoffelmasse, auch Hans-Kaspar, der eingeladen wurde, mitzuessen.

Katharina hatte keinen Hunger mehr, sie trank nur noch ihre Milch aus der Kachel. Ob sie morgen zurück in die »Meur« mußte? Solange niemand etwas sagte, würde sie auch nicht danach fragen.

»Dann soll ich vom Schaaggli noch ausrichten, daß die Didi und der Chäpp morgen wieder nach Hause kommen können«, sagte Hans-Kaspar mit vollem Mund.

»Wir werden ja sehen«, sagte die Großmutter, »Kaspar hat heute nachmittag erbrochen.«

»Mitten ins Puppenhaus«, sagte Katharina.

»Nicht rätschen«, sagte die Base, »es ist ihm halt passiert.«

Katharina senkte den Kopf. Was hatte das mit rätschen zu tun, wenn man die Wahrheit sagte? Das Erbrochene hatte *sie* schließlich aufgeputzt, und der bloße Gedanke daran ekelte sie so, daß ihr der Kartoffelfenz wieder aufstieß. Wie sehr hoffte sie, daß Kaspar krank war und sie dann vielleicht so lange bleiben mußten, bis er wieder gesund war. Jetzt schlief er vorerst mal. Wenn er nur heute nacht nicht auch noch das Bett vollkotzte. Oder ob sie die Großmutter bitten sollte, daß sie woanders schlafen durfte? In der Stube vielleicht, auf dem Sofa, oder im kleinen Lager auf dem Schieferofen? Dort wäre es sicher wunderbar warm, und Lisi würde sie auch mitnehmen. Diese Nacht wollte sie ihre Puppe ohnehin nicht vergessen, wie gestern, sie hatte gut noch Platz im großen Bett im Schlafgaden oben.

Was, der Förster Seeli habe wohl den Verstand verloren, hörte Katharina plötzlich den Paul sagen, der habe also tatsächlich verlangt, man solle die Schieferwerke schließen bis zum Frühling?

Katharina wunderte sich. So etwas wollte ihr kleiner See?

Hans-Kaspar beeilte sich zu berichten, daß der Gemeindepräsident diesen Vorschlag sofort abgelehnt habe. Wo die hundert Leute sonst ihre Arbeit hernehmen sollten, habe er gesagt. So habe er es vom jungen Elmer gehört, der sei dabeigestanden im Gasthof.

Hundert Leute, soviel? Katharina sah sie in Gedanken an der »Meur« vorbeigehen, am Morgen und am Abend, ihre Stiefel und ihre Jacken waren oft grau wie der Schiefer selbst, vor allem wenn sie am Abend zurückkehrten. Oft kamen sie in Gruppen daher, und wenn ein paar Männer zusammen von der eisernen Brücke zum Untertal heraufmarschierten, sahen sie mit ihren breiten Hüten von weitem aus wie wandelnde Pilze. Nach der Arbeit und vor allem nach dem Zahltag kehrten manche von ihnen in der »Meur« ein und erzählten vom Schieferbruch, vom Dynamit, das sie gezündet hatten, von besonders gutem Schiefer, auf den sie gestoßen waren, von steckengebliebenen Meißeln und verlorengegangenen Bohrhämmern, oder sie machten den Werkführer Müller nach, der ein Deutscher war, wie er sie zur Arbeit antrieb oder wie er sie abputzte, wenn sie etwas nicht so machten, wie er es haben wollte. Ein Lieblingssatz von ihm, den die Arbeiter immer wieder unter dem Gelächter der ganzen Wirtsstube wiederholten, mußte sein: »Stützen? Wo seht ihr Stützen? Ich sehe nur erstklassigen Schiefer.« Diesen Satz konnte Katharina schon lange auswendig, ohne daß sie wußte, was er bedeutete. Was sie auch nicht begriff, war, warum alle so stolz waren, wenn ihnen etwas Gefährliches zugestoßen war. Wenn sie den Gesprächen zuhörte, hatte sie den Eindruck, als ob jeden Tag einer eine Geröllhalde hinuntergestürzt oder von einem Stein getroffen worden sei, oder daß man nach einer Sprengung reihenweise halbtote Arbeiter unter dem Schutt hervorziehen mußte. Aber die Männer übertrieben eben gern, so waren sie nun einmal. Trotzdem hörte sie lieber zu, wenn Geschichten aus dem Schiefer erzählt wurden, als wenn es um das Abschießen von Gemsen und Rehböcken ging, die Schiefergeschichten schienen ihr wahrer zu sein.

Ein paar von den jungen Arbeitern hatte sie letztes Jahr noch in der Schule gesehen. Die waren kaum älter als ihr Bruder Jakob und mußten schon in den Bruch, manche gingen bereits während der Schulzeit als Zeichnerbuben in die Hütten und mußten die Schiefertafeln vorzeichnen, die nachher aus dem Stein ausgeschnitten wurden. Katharina erinnerte sich an ein Gespräch in der Wirtsstube, während dem ihr Nachbar Beat Rhyner vor Wut auf den Tisch gehauen hatte, weil man schon Kinder zur Arbeit schicke. Ein Schieferarbeiter hatte ihm dann entgegnet, wer genug verdiene wie ein Bannleiter, könne gut das Maul aufreißen, aber wem die Kartoffeln schon im Januar ausgingen, für den sehe es vielleicht etwas anders aus.

Ja was denn nun sei, schließen oder weitermachen, fragte Paul, und Hans-Kaspar sagte, das würden sie wohl morgen erfahren, wenn sie ihren Wochenlohn abholten.

Als sich Johannes nach den Bäumen am Plattenberg erkundigte, erzählte Hans-Kaspar, wie der eine Förster vom andern Förster verlangt habe, also der Seeli vom Marti, er müsse das Holz da oben fortschaffen, damit der Druck weggehe vom Hang, und wie der Marti gesagt habe, dort hinauf gehe er nicht mehr und werde auch keinen schicken, und wenn er zu befehlen hätte, ließe er sofort alle Häuser im Untertal räumen und die Bewohner müßten fliehen. Darauf hätten ihn die andern ausgelacht, und der Elmer Heiri habe zu ihm gesagt, da hätten sie ja Glück, daß ihnen einer aus Matt nicht befehlen könne, wann sie in Elm in die Hosen machen müßten.

Dieser Satz löste in der Küche große Heiterkeit aus, und Paul erhob nochmals sein Glas und ließ den Bergführer hochleben, der nicht aufs Maul gefallen sei, und als er sah, daß Fridolin sein Glas stehen ließ, fragte er ihn, ob er nicht einen Schluck auf den Heiri trinken wolle.

Auf gar niemanden wolle er trinken, sagte Fridolin, denn er halte den Marti nicht für einen Dummkopf, ob er jetzt von Matt komme oder nicht. Er selbst jedenfalls, fuhr er fort, er selbst würde auf gar keinen Fall da hinaufgehen, um Bäume zu fällen, nicht einmal für zehn Franken im Tag, und seinetwegen solle der Elmer selbst gehen, mit dem Gemeindepräsidenten zusammen, wenn sie so sicher seien.

Katharina spürte ihr Herz pochen. Das Schweigen, das jetzt eintrat, glich dem Schweigen in der Wirtsstube kurz vor einer Schlägerei.

»Du hältst dich für gescheiter als ein Kreisförster und ein Gemeindepräsident zusammen«, sagte Paul, langsamer als sonst, und blickte seinen jüngsten Bruder an, als wolle er ihn mit seinen Blicken an die Wand nageln.

»So, Buben, nicht streiten!« sagte die Großmutter und schlug mit dem Gabelstiel auf den Tisch.

Das wirkte. Die drei Brüder stachen gleichzeitig mit ihren Gabeln in die Pfanne. Nach ihnen taten Hans-Kaspar, die Großmutter und die Base dasselbe, und man hörte eine Weile nichts als Kauen und Schlucken.

Katharinas Herz gab keine Ruhe. Das Untertal müsse geräumt werden, meinte also einer von denen, die oben gewesen waren. Aber das Untertal, das war ja nicht irgendwo, sondern das war dort, wo sie wohnte, und die Bewohner, das war nicht irgendwer, sondern das war sie selbst und die Mutter und der Vater und die Anna und die Regula und der Jakob und der Kaspar und die Rhyners, und der obere Jaggli und der untere Jaggli, und die alte Elsbeth, und die junge Elsbeth mit dem Kropf, und die ganze Kinderschar, die dazugehörte, und sogar das neugeborene Schwesterlein war ein Bewohner, ob es Euphemia hieß oder Vreneli, und sie alle müßten fliehen, und zwar sofort, und sie sah vor sich den schwankenden Fuhrwagen auf der Straße nach Matt, der das ganze Hab und Gut aus der Wirtschaft »Zum Martinsloch« aufgeladen hatte, wie er langsam talauswärts verschwand, begleitet von Fridolin, der ihr jetzt so nachdenklich gegenüber saß, und auf einmal hatte sie das Gefühl, das sei der einzige, dem sie trauen könne, und die andern verstünden nichts, vor allem Paul mit seinen Sprüchen und Späßen.

Das Schweigen in der Küche zeigte Katharina an, daß die Gefahr eines größeren Streits noch nicht gebannt war.

»Und, konntest du den Fridolin brauchen in der Schreinerei?« fragte die Großmutter, zu Johannes gewandt.

Johannes nickte. »Sicher«, sagte er, und als er sah, daß Paul den Mund aufmachen wollte, fügte er hinzu, »wir sind vorwärts gekommen mit dem Sarglager.«

Ob er etwas gelernt habe, fragte die Großmutter Fridolin.

Dieser lachte und sagte, ja, vor allem habe er nicht gewußt, wie Johannes die fertigen Särge prüfe.

»Wie denn?« fragte die Großmutter.

»Er legt sich selbst hinein«, sagte Fridolin.

»Lieber Gott, ich danke dir,
Mach ein gutes Kind aus mir«,
sprach die Base vor, und Katharina sprach es leise mit
und schloß mit »Amen«. Sie lag, die Hände gefaltet, die
Zehenspitzen am warmen Kirschensteinsäcklein, im
Bett, und neben ihr schlief ihr kleiner Bruder und atmete tief und ruhig. Katharina hatte die Base gefragt, ob sie
ihn nicht wecken sollten, um ihm zu sagen, daß er ein
Schwesterchen bekommen habe, aber die Base fand, sie
sollten ihn lieber schlafen lassen. Sie hatte die Hand auf
seine Stirn gehalten und dann gesagt, sie glaube nicht,
daß er krank sei, und wenn er gut schlafe, könnten sie
morgen sicher wieder in die »Meur«.

Vielleicht, hatte Katharina noch gesagt, hätte er auch
gar keine Freude, er habe sich ja ein Brüderchen ge-
wünscht. Genau genommen war sie nicht einmal sicher,
ob sie sich selbst wirklich freute. Sie war vor allem froh,
daß die Mutter nicht mehr mit offenem Haar im Bett
liegen und schnaufen und stöhnen mußte.

Die Base war zum Nachtgebet mit ihr nach oben gekommen, weil die Großmutter zu müde war.

»Gehst du jetzt auch ins Bett?« fragte Katharina.

»Nein«, sagte die Base, »ich gehe noch ein bißchen in
die Stube zu den andern. Also, schlaf gut.«

»Bäsi«, flüsterte Katharina.

»Ja?« Margret blieb im Türrahmen stehen. Die Kerze,
die sie im Gang an den Boden gestellt hatte, beleuchtete
ihre Zöpfe, als werfe die untergehende Sonne ein letztes
Licht auf einen Berggrat, während die ganze Vorderseite
im Schatten lag. Kaum daß Katharina ihre Augen erkennen konnte.

»Kannst du die Tür einen Spalt offen lassen?«

»Wenn du meinst.«

Knarrend schob sie die Türe von außen soweit zu, bis nur noch ein dünner Lichtstreifen in den Schlafgaden drang. Dann flackerte der Streifen auf und wurde mit Bäsis Schritten auf der Treppe immer schwächer, und als unten die Küchentür ging, wurde es im Zimmer so finster, als ob die Tür geschlossen wäre.

Katharina war enttäuscht. Sie hatte auf ein kleines Lichtlein gehofft, bei dessen Schein sie hätte einschlafen können.

Dafür hörte sie die Stimmen in der Stube, wie sie der eintretenden Base etwas zuriefen, das sie nicht verstand. Katharina fürchtete sich weniger als gestern. Die Hausgeister schienen ihr freundlicher gestimmt heute und hatten mit ihr nichts Böses im Sinn, möglicherweise freuten sie sich auch über die Geburt eines neuen Menschen, den sie später erschrecken konnten.

Draußen im Vorgarten gackerten ganz leise die zwei Hühner. Die Base hatte versucht, sie einzufangen, aber als sie dabei bloß ein paar Blumen zertreten hatte, hatte die Großmutter gesagt, sie solle sie einfach dort lassen, bis jemand käme, dem sie gehörten, und wenn es der Fuchs sei.

Die Nachbarin kam Katharina wieder in den Sinn, zu der sie heute morgen wegen der Hühner gegangen war. Sie hatte nicht begriffen, wieso Barbara sofort vom Maul sprach, das man stopfen müsse, als es um die Geburt des Kindes gegangen war. Ihr Mann sei eben beim Holzfällen von einer Tanne erschlagen worden, hatte ihr die Großmutter heute nachmittag gesagt, das sei erst zwei Jahre her, aber seitdem gehe es mit dem Hof bergab, und Hans-Kaspars Bruder, der Sepp, tauge nicht viel, er sei einfach noch zu jung, und doch sei es besser, wenn Hans-Kaspar weiter im Schiefer arbeite, dann bringe wenigstens jemand ein bißchen Geld nach Hause für das Nötigste.

Katharina verstand nicht, daß der liebe Gott die Tanne nicht aufgehalten hatte, als sie auf Barbaras Mann gestürzt war, das wäre bestimmt nicht schwer gewesen, für einen Allmächtigen. Oder hatte der Mann am Ende irgendeine schwere Sünde begangen, von der niemand etwas wußte als Gott allein, und Gott hatte ihn dafür bestraft? Aber dann würden ja jetzt die Barbara und ihre Kinder bestraft, die doch nichts dafür konnten. Vielleicht war der liebe Gott gar nicht gerecht, wieso hätte er sonst den Blitz auf Afra Bäbler fahren lassen? Die hatte ja nur ihre Ziege gesucht. Auf einmal dachte Katharina, wie lieb es von Gott war, kein Unglück über ihre Mutter und über ihr kleines Schwesterchen zu schicken. Da ihre Hände immer noch gefaltet waren, konnte sie ihm ganz schnell dafür danken.

»Lieber Gott«, betete sie, »danke, daß alles gutgegangen ist.«

Dann nahm sie die Hände auseinander und drehte sich zur Seite, von Kaspar weg, und als sie mit der linken Hand unter ihren Kopf fuhr, traf sie ihre Holzpuppe, die zum Bett hinausfiel. »Armes Lisi«, murmelte sie, »komm, wo bist?« und erschrak, als sie ihre eigene Stimme hörte. Sie lehnte sich zum Bett hinaus, so weit sie konnte, und tastete mit ihrer Hand den Boden ab. Lisi war nicht zu finden. Ob sie einfach warten sollte bis morgen früh? Beim Gedanken, das warme Bett nochmals zu verlassen und im Dunkeln überall hin zu greifen, auch unter die Bettstatt, gruselte es sie. Die Puppe war ja aus Holz, also konnte sie gut auf dem Holzboden schlafen, vielleicht gefiel ihr das sogar, und sie war nur deswegen aus dem Bett gehüpft. Ja, so mußte es sein, sagte sich Katharina und flüsterte: »Mußt keine Angst haben, Lisi, ich bin da. Schlaf gut, auf dem Holz.« Und wieder, beim Klang ihrer eigenen Stimme, ein Gefühl, als sei noch jemand anderes im Zimmer.

Die Angst, die sich eben einschleichen wollte, wurde durch ein Kirchenlied vertrieben, das nun unten in der Stube angestimmt wurde. Katharina kannte es, es war das Lieblingslied der Großmutter aus dem alten Gesangbuch, das man bei ihr auch an Neujahr singen mußte, und es fing mit dem Vers an »Mein Augen ich gen Berg aufricht«. Die Stimme der Großmutter war klar zu hören, sie war den tiefen Männerstimmen stets etwas voraus, fast wie der Pfarrer in der Kirche, wenn alle zusammen ein Lied sangen. Hoffentlich würde Katharina morgen nicht in die Kirche geschickt, darüber war noch gar nicht gesprochen worden. Aber wenn sie nicht zur Schule mußte, mußte sie sicher auch nicht in die Kinderlehre, und wie die Geschichte mit der Sintflut ausgegangen war, hatte ihr ja das Grosi erzählt. Die Sache mit den Fischen blieb allerdings ungeklärt, auch hatte sich Katharina vorzustellen versucht, woher Noah zu seinen Affen, Giraffen und Elefanten die Murmeltiere, Gemsen und Steinböcke genommen hatte, die doch ganz woanders lebten. Vielleicht war er vorher einmal ins Glarnerland gekommen und hatte sie eingefangen und zu sich geholt. Wie fing man überhaupt ein Murmeltier ein? Mit einem Netz vielleicht? Katharina erinnerte sich nicht, daß je einer der Jäger in der »Meur« davon gesprochen hatte, daß er Tiere eingefangen hätte, sie erzählten immer nur vom Abschießen. Sie dachte an die Mäusefallen, die sie im Vorratsraum aufgestellt hatten. Vielleicht hatte

Noah, bevor er die Arche baute, große Gemsen- und Steinbockfallen gebaut, hatte sie mit wunderbaren Kräutern gefüllt und in den Bergen verteilt, und während er wartete, bis ein Tier hineinging, fing er die Murmeltiere mit einem Schmetterlingsnetz ein, wie der Lehrer Wyss eins besaß, und dann hatte er alles auf ein Fuhrwerk geladen und war damit talabwärts gefahren, ins biblische Land zurück, damit es nach der Sintflut wieder wilde Tiere in den Bergen gab.

In der Stube waren sie mit dem Kirchenlied zu Ende, und jetzt hörte man Pauls Stimme. Wahrscheinlich sagte er etwas Lustiges, denn gleich darauf wurde gelacht, und nun sangen sie wieder ein Lied, aber keins aus der Kirche, sondern »Dört oben uf em Bärgli«, wo es am Schluß immer hieß »Diritumdee, diritumdee, heidelidum, s het's niemer gseh.«

Dieses Lied gefiel Katharina. Zwar war sie nie dahinter gekommen, was es genau war, das niemand gesehen hatte, aber sie vermutete, es habe mit dem zu tun, was man nachts hinter dem Haus tat, wenn man alt genug war dafür. Oder wieso hieß es sonst vom Seppli, der keine Lust zum Melken hat: »Er stellt der Chübel uf d Syte und tanzet mit der heidelidum, er stellt der Chübel uf d Syte und tanzet mit der Magd.« Bestimmt ging es nicht lange, und die zwei würden hinter dem Stall verschwinden, um sich dort zu küssen. Oder eigentlich konnten sie das auch gleich im Stall tun, wenn es doch niemand sah.

Bald kam wieder die Kirchweih, und da würde auch in der »Meur« wieder gesungen, getanzt und Musik gemacht, bis tief in die Nacht hinein. Darauf freute sich Katharina; das letzte Mal hatte sie schon mitgeholfen, den Tanzsaal zu schmücken. Es gab dort eine Truhe, die ganz mit farbigen Papiergirlanden gefüllt war, und diese hatte sie zusammen mit Regula über die Geweihe gespannt, die an den Wänden hingen. Abends kamen dann die Musikanten, mit einer Handorgel und einer Klarinette, und der Mann mit der Baßgeige hatte ihr sogar erlaubt, die Saiten zu zupfen, und Katharina hatte fast nicht geglaubt, daß sie so tiefe Töne machen konnte. Und abends kamen die Burschen mit Blumen und Federn auf den Hüten, ganz anders, als wenn sie zur Arbeit ins Schieferwerk gingen, und jeder bezahlte einen Franken und bekam dafür ein Rosmarinsträußchen, damit man sah, daß er bezahlt hatte, und diese Sträußchen hatte Katharina zusammen mit Regula gebunden, das hatte ihnen Hans-Kaspar aufgetragen, der bei den Spielbuben war, welche die Musik mitbrachten und das Essen bestellten, meistens roch es im ganzen Haus nach Gemspfeffer und Murmeltierfett an diesem Tag. Die Mädchen waren besonders schön anzuschauen in ihren weiten Faltenröcken, die beim Tanzen so fröhlich herumwirbelten, und auch sie waren mit Blumen geschmückt, die hatten sie in ihre Zöpfe geflochten, aber die wichtigste Blume war die, die sie sich an die Brust gesteckt hatten, nämlich wenn die Nelke nach unten schaute, hatte das Mädchen noch keinen, mit dem sie hinters Haus ging, und wenn die Nelke nach oben schaute, hatte sie schon einen.

Das Heidelidum-Lied in der Stube unten war zu Ende, und diesmal stimmte Fridolin ein neues an, und zwar das vom Floh, der ins Elsaß wollte, um ein Fuder Wein zu bekommen.

Katharina mochte dieses Lied. Sie wußte zwar nicht, wo das Elsaß war, aber dort mußte es alles geben, denn es hieß vom Floh, er käme ins Schlaraffenland, beim linken Haus zur rechten Hand, und Katharina kam in den Sinn, wie der Vater vor ein paar Tagen gesagt hatte, wenn es so weiterregne, dann verfaulten die Kartoffeln wieder, und sie müßten wie letztes Jahr welche aus dem Elsaß kommen lassen. Kartoffeln gab es also dort im Überfluß, soviel stand fest. Aber daß die Kühe auf Stelzen gingen und der Esel auf dem Seil tanzte und die Geißen Stiefel anzogen, das war ein Witz, das kam nur im Lied vor, und dem Floh gefiel das so, daß er sich ein Haus kaufte und dort blieb, und vielleicht sollten sie alle zusammen ins Elsaß hinunter, Vater, Mutter, Anna, Jakob, Regula, sie und Kaspar und das Neugeborene, mit den Kühen und der Katze, und sich dort ein Haus kaufen, neben dem vom Floh, und dann könnten sie zuschauen, wie die Kühe auf Stelzen gingen, am Ende würde es ihre Lobe auch lernen, und auch Bleß und Stern, die noch auf der Falzüber-Alp waren, und die Menschen müßten selbst auf Stelzen steigen, um die Kühe melken zu können, der Esel auf dem Seil hielt die Stelzen bereit, und man hüpfte ganz leicht und locker über das Seil bis zum Esel, der in der Mitte stand und einen zu sich winkte, dann stellte man sich auf die Stelzen, und der Esel gab einem noch den Melkkübel in die Hand, aber der Sepp, der faule Hund, hatte seinen Kübel abgestellt und tanzte mit einer Magd, die hatte rote Stiefel an und einen Faltenrock, der herumwirbelte, und als sie einmal das Gesicht zu Katharina drehte, war es gar keine Magd, sondern eine Geiß, mit einer geknickten Nelke in der Schnauze, die nach unten hing, und sie richtete ihre glasigen Augen blitzschnell gen Berg und stampfte so fest auf den Boden, daß die Hirschgeweihe in den Häusern von den Wänden fielen und die Fensterscheiben klirrten und die Kuhschädel über den Tennstoren schief hingen.

14

Als Katharina aus dem Bett stieg, um sich auf den Nachttopf zu setzen, trat sie auf etwas Hartes und stieß einen kleinen Schreckensruf aus. Im schwachen Licht, das durch die Ritzen der Fensterläden drang, sah sie ihre Holzpuppe, auf deren Kopf sie mit der Ferse gestanden war. Nachdem sie ihr Wasser ins Nachtgeschirr gelassen hatte, schob sie dieses unter die Bettstatt, packte Lisi und kroch mit ihr zusammen wieder unter die warme Decke. Neben ihr regte sich Kaspar und richtete sich auf.

»Muß brünzeln«, sagte er.

Ungern wand sich Katharina nochmals aus den Leintüchern, ging ums Bett herum und zog Kaspars Nachthafen darunter hervor.

»Komm«, sagte sie, hob die Decke auf und streckte ihm die Hand hin.

Katharina fürchtete, der Nachttopf werde überlaufen, so lange ließ Kaspar sein Wasser fließen.

»Bin fertig«, sagte er schließlich, stand auf und stieg wieder ins Bett.

Katharina stellte den Nachthafen mit leichtem Ekel unters Bett und sagte: »Wir haben ein Schwesterlein.«

»Wo?« fragte Kaspar.

»In der ›Meur‹«, antwortete Katharina, »zu Hause.«

»Kein Brüderlein?« fragte Kaspar.

»Nein«, sagte Katharina, »ein Schwesterlein.«

Es dauerte eine Weile, bis sich Kaspar hören ließ.

»Will trinken«, sagte er.

Katharina seufzte. Gerade hatte sie wieder ins Bett einsteigen wollen.

»Kannst du nicht warten?« fragte sie, »bald ist Morgen.«

»Hab Durst«, sagte Kaspar.

Katharina dachte daran, daß Kaspar gestern erbrochen hatte und vielleicht krank war.

»Wart«, sagte sie, »ich gehe in die Küche.«

Die Tür zum Schlafgaden stand immer noch ein wenig offen, Katharina stieß sie ganz auf und ging die Treppe hinunter, die leise knarrte. Sie betrat die Küche, die im spärlichen Morgendämmerlicht seltsam fremd aussah, so ganz ohne einen Menschen darin. Ein kalter Geruch von Kartoffeln und Krauterschnaps hing über dem Tisch, das Geschirr von gestern abend stand samt der Pfanne auf dem Brett neben dem Spültrog, offenbar hatte niemand mehr abgewaschen.

Jetzt sah Katharina den großen Teekrug neben dem Wasserschaff. Sie faßte ihn am Henkel, hob ihn herunter und schaute hinein. Er war leer. Sie hielt ihren Finger ins Schaff. Das Wasser war lauwarm. Also mußte sie am Brunnen draußen frisches Wasser holen. Sie nahm sich eine Trinkkachel vom Brett, füllte mit dem Schöpflöffel etwas laues Wasser hinein, ging zum Spültrog und schüttete das Wasser aus.

Dann ging sie in den Vorraum, zog sich die Schuhe an und stopfte die Bändel mit hinein, so daß sie sie an ihren Füßen spürte. Ob die Haustür abgeschlossen war? Nein. Sie drückte die schwere Falle hinunter und traute ihren Augen nicht.

Durch den ersten Spalt, den die Tür freigab, schlüpfte Züsi, ihre Katze aus der ›Meur‹, und strich Katharina miauend um die Beine.

»Züsi, was machst du da?« fragte Katharina leise, kauerte sich nieder, die Kachel in der einen Hand, und streichelte die Katze mit der andern. Keine Verwechslung möglich, es war ihre Katze, das getigerte Muster des

Fells, die schwarzen Pfoten und der weiße Fleck hinter dem Ohr. Von oben hörte sie Kaspar jammern. Wie konnte man laut und leise zugleich rufen?

»Ich komme!« zischte Katharina das Treppenhaus hinauf, stand auf und sagte zur Katze: »Wart hier.«

Dann ging sie über den Vorplatz zum Brunnen, am knurrenden Hund vorbei, dem sie ihr »Ruhig, Sauvieh!« zuwarf, mit sofortigem Erfolg, und hielt ihre Kachel unter den Wasserstrahl.

Behutsam lief sie zum Haus zurück, stellte die Kachel auf das Schuhbänklein, zog sich die Schuhe wieder aus und ging dann die Treppe hinauf, dicht gefolgt von ihrer Katze.

Ungeduldig erwartete sie der kleine Bruder, der hoch aufgerichtet im Bett saß. Als ihm Katharina die Kachel geben wollte, sah er die Katze.

»Züsi?« fragte er erstaunt.

»Ja«, sagte Katharina, »sie kommt zu Besuch.«

Und als Kaspar nicht aufhörte, auf die Katze zu starren, sagte sie: »Trink jetzt!« und hielt ihm die Kachel hin. Immerhin war sie seinetwegen bis zum Brunnen draußen in der Kälte gegangen.

Kaspar nahm die Kachel und trank mit heftigen Schlucken, ohne dabei die Katze aus dem Auge zu lassen, welche stets die Nähe von Katharinas Beinen suchte.

»Fertig«, sagte er schließlich und gab die leere Kachel seiner Schwester zurück.

Diese stellte sie auf den Boden und überlegte, was sie tun sollte. Da sich im Haus noch nichts regte, kroch sie nochmals ins Bett. Mit einem schnellen Sprung war Züsi auf der Bettdecke und legte sich auf Katharinas Seite ans Fußende, rollte sich zusammen und blieb schnurrend liegen.

Kaspar kicherte. »Züsi kommt ins Bett«, sagte er.

»Sie will auch schlafen«, sagte Katharina, »es ist noch zu früh zum Aufstehen.«

Sie drehte sich von Kaspar weg zur Seite und lutschte am Daumen. Das tat sie zu Hause nur, wenn gar niemand zuschaute, denn sonst kriegte sie sofort eins auf die Hände von den Eltern, oder auch von den älteren Geschwistern, wenn diese sie dabei erwischten. Jetzt aber konnte ihr das niemand verbieten. Neben ihr lag Lisi, und am Bettende lag Zusi, und der Daumen im Mund war wie das Käslein im Märchen, das nie weniger wurde, und er machte ihren Mund saftig. Auf einmal dachte sie, schöner könne es gar nicht werden, und am allerschönsten wäre es, wenn sie ihr ganzes Leben lang so liegen bleiben könnte.

Draußen grollte es in der Ferne.

Im Schlafgaden des unteren Stockes hörte sie die Großmutter laut gähnen, und ihr Bett ächzte.

War das Paul, der im Zimmer nebenan aufstand? Oder ging er nur auf den Nachthafen, wie sie und Kaspar, und legte sich dann nochmals hin? Heute war Sonntag, da mußte man nicht so früh hinaus wie am Werktag. Blüemli wollte zwar trotzdem gemolken werden, die wußte nicht, daß es Sonntag war. Dafür mußte sie auch nicht zur Kirche. Katharina versuchte sich vorzustellen, wie es wäre, wenn einmal alle Kühe zur Kirche kämen und muhend vor der großen Tür ständen, auf dem Kiesplatz, oder zwischen den Gräbern des Friedhofs herumgingen und dort die Blumen und das Gras fräßen. Vielleicht wollten sie sich einmal versammeln, um Noah zu danken, der ihnen das Leben gerettet hatte vor der großen Flut, und die andern Tiere kämen auch, die Ziegen, die Schafe, die Hühner, und die Steinböcke, die

Gemsen, die Murmeltiere und die Füchse, nur die Fische nicht, die waren ja auch ohne Noah am Leben geblieben. Das gäbe ein schönes Gedränge, da wüßten die Kirchgänger nicht mehr, was machen, und der Pfarrer Mohr auch nicht, vielleicht würde er versuchen, mit allen zusammen ein Lied zu singen, »Mein Augen ich gen Berg aufricht«, und die Kühe würden muhen, die Schafe blöken, die Ziegen meckern und die Hühner gackern, die Murmeltiere würden durch die Zähne pfeifen und die Gemsen und Steinböcke durch die Nasenlöcher, die Füchse würden heiser bellend zu den Hühnern schielen, während der Lehrer Wyss die Tasten des Harmoniums schlüge und der Siegrist dazu schwitzend den Blasbalg pumpte, und dann würde sich Noah im Himmel sicher freuen und würde Gott Vater holen und seinen Sohn und würde nach Elm hinunter zeigen, damit die beiden auch einmal etwas zu lachen hätten.

Nun schlugen auch noch die Hunde an, und die Katzen miauten, und Katharina erwachte. Unter der Tür stand die Base mit Anna auf dem Arm und Kaspar an der Hand und blickte verwundert auf Züsi, das sich auf der Bettdecke räkelte und die Gestalten in der Tür betrachtete wie eine Königin ihre Untertanen. Kaspar schaute belustigt von Züsi zu der Base und von der Base zu Züsi.

»Wie kommt die Katze hierher?« fragte die Base.

Katharina erzählte ihr, wie Züsi heute vor der Haustür gewartet hatte, als sie in der Frühe am Brunnen Wasser holen gegangen sei.

Die Base schüttelte den Kopf. So etwas sei noch nie vorgekommen, sagte sie, was denn nur in das Tier gefahren sei, und wie es überhaupt den Weg gefunden habe. In der Küche gebe es Milch und Brot, und Katharina solle nicht vergessen, die Nachttöpfe zu leeren und wieder heraufzubringen.

Dann ging sie mit Kaspar und Anna die Treppe hinunter, und Katharina stand auf, öffnete die Fenster und stieß die Läden auf.

Auch heute keine Sonne, nur graue Wolken ringsum, Gras, Bäume und Blumen glänzten vor Nässe. Über dem Wald jagten drei Krähen mit lautem Krächzen einen Raubvogel. Im Vorgarten gackerten die zwei Hühner und liefen eilig zwischen den Blumen und den Rhabarbern hin und her.

Vom Weg her kam ein Spatzenschwarm geflogen und ließ sich offenbar auf dem Dach der »Bleiggen« nieder, denn gleich darauf schien es Katharina, als zwitschere das ganze Haus.

Als es vom Plattenberg herüber polterte, verstummten die Vögel einen Augenblick, um sofort wieder um so heftiger loszuschilpen.

Diesmal entdeckte Katharina die Stelle, aus der ein Fels herausgebrochen sein mußte. Über den obersten Baumwipfeln am Weg war in der Weite ein Räuchlein zu sehen, das aus einem frechen grauen Fleck mitten im Grün der Tannen aufstieg. Natürlich war nicht mehr zu sehen, wohin er gefallen war, der Fels, aber es gab immer nur eine Richtung, und das war die Tiefe, und in der Tiefe, das wußte Katharina, lagen die Schieferwerke, und gleich dahinter lag die »Meur«.

»Didi!« hörte sie aus der Küche rufen.

»Ich komme!« rief sie zurück.

Sie war noch gar nicht angezogen. Und was war mit den Nachttöpfen? Heute war Sonntag, also sollte sie vielleicht den Sonntagsrock anziehen, und der hing wohl immer noch in der Stube, oder lag in irgendeinem

Schrank. Sie zog sich ihr graues Strickjäckchen über das Nachthemd an und ging zur Tür. Dann kehrte sie wieder um und holte vorsichtig die beiden Nachttöpfe unter dem Bett hervor. Die Base sollte nicht wieder schimpfen mit ihr. Langsam ging sie die Treppe hinunter, und dann durch den Gang auf den Abtritt zu. Die Tür war geschlossen, und dahinter hörte sie, wie jemand stöhnend mit der dicken Tante kämpfte. Der Kampf ging mit einem erlösten Aufatmen zu Ende, und Johannes trat heraus, in einem Schwaden von Gestank.

»Schau da, die Didi«, sagte er, und fügte dann hinzu: »Komm, gib mir die Nachthäfen.«

Er nahm sie ihr ab, leerte ihren Inhalt in die Latrine und gab sie ihr wieder zurück. Als er sah, daß sich Katharina die Schuhe anziehen wollte, sagte er, sie brauche die Nachttöpfe nicht spülen zu gehen, die seien sauber genug, und schnell huschte Katharina damit die Treppe hinauf, stellte die Töpfe unter das Bett und lief wieder hinunter, in die Küche, wo alle andern um den Tisch saßen, vor ihren Kacheln mit Kaffee oder Milch, und in der Mitte lag ein großer Laib Brot, von dem einige Stücke abgeschnitten waren.

»Da kommt unsere Schlafmütze«, sagte Paul lachend, und die Großmutter fragte Katharina, ob sie Milch wolle. Katharina errötete und nickte, und als der schöne weiße Strahl aus dem Krug in ihre Tasse floß und ihr Fridolin ein Stück Brot reichte, das nach Sonntag duftete, begann sie langsam daran zu glauben, daß es doch ein schöner Tag werden könnte.

15

Katharina stand auf einem Küchentaburett am Spültrog
und versuchte mit einer Bürste die Kruste vom Boden
der Pfanne zu kratzen. Sie hatte schon alle Teller und alle
Kacheln abgewaschen und auf das Abtropfbrett neben
dem Trog gestellt, den ersten Teller hatte sie an eine Kachel gelehnt, und die nächsten Teller an den ersten Teller,
so daß sie nun schräg hintereinander standen wie eine
Reihe von Suworows Soldaten, in die der Wind blies.

Das wäre doch eine kleine Arbeit für die Didi, hatte die
Großmutter gesagt, und für die kleine Arbeit hatte sie
»Ärbetli« gesagt, ein Wort, dem Katharina zutiefst miß-
traute, denn fast immer stellte sich heraus, daß es sich um
eine große, oft sogar besonders mühsame Arbeit handel-
te. Von einem »Ärbetli« sprach auch ihr Vater, wenn er
sie in das Weinfaß schickte. Unten im Keller der »Meur«
standen zwei große Weinfässer. War eines davon leer,
konnte man beim Spund ein Türchen öffnen, das gerade
groß genug war für ein Kind wie sie, und dann mußte
sie hineinkriechen und die Wände und den Boden des
Fasses mit einer Bürste und einem Scheuerlappen reini-
gen, während der Vater mit seiner Sturmlaterne hinein-
zündete. Das Weinfaß war so groß, daß sie sich in seinem
Innern ganz aufrichten konnte, und als Katharina daran
dachte, wie ihr Vater mit ihr die Kellertreppe hinunter-
stieg und wie er sie etwas hochhob, um ihr beim Hineinkriechen zu helfen, und wie er dann die ganze Zeit bei
ihr blieb, um den weingetränkten Scheuerlappen auszu-
wringen, den sie ihm jeweils hinausreichte, und seinen
Kopf durch das Türchen streckte, um ihr diese oder jene
Stelle zu zeigen, wo der Weinstein noch nicht ganz weg
war, und wie er sie wieder herunterhob, wenn sie fer-

tig war, und er ihr dann eine ganze Handvoll Birnenschnitze gab, die er noch im Keller aus seiner Hosen-
tasche zog, merkte sie, daß sie sich schon auf das nächste
leere Weinfaß freute, obwohl ihr auch wieder mit
Schrecken der Augenblick in den Sinn kam, als die Kerze
in der Laterne erlosch und der Vater keine Streichhölzer
bei sich hatte und nach oben gehen mußte, um welche zu
holen und sie ganz allein im dunklen Keller zurückließ,
im Bauch des noch dunkleren Weinfasses, umgeben von
einer süßlich-sauer riechenden Finsternis, in der sie zu
ersticken glaubte; damals hatte sie, auf den Knien und
den Kopf am Türchen, laut und heftig zu weinen begonnen, zu brüllen fast, und als sich das schwankende Licht
der Laterne wieder genähert hatte, bestand sie darauf,
sofort aus dem Faß zu steigen, und der Vater mußte sie
zuerst eine Weile in den Armen halten und ihr zuspre-
chen, bevor sie wieder hineinkroch, um das »Ärbetli« zu
beenden. Und sie wußte noch gut, wie er sie getröstet
hatte, der Ätti, er hatte ihr gesagt, das könne eben einzig
und allein sie machen, sie, Katharina, weil Jakob und Regula schon zu groß wären für die kleine Faßtüre, und wie
froh er sei um sie, und daß er sonst gar nicht wüßte, wie
er dieses Faß sauber bekäme.

Das hatte sie sonst nie gehört von ihm, daß er froh war
um sie, und auch die Mutter hatte nie so etwas gesagt,
nicht einmal, wenn sie bei der alten Elsbeth Eier holen
ging. Wieso sollten Eltern auch froh sein um ihre Kinder? Kinder gab es einfach, sie kamen auf die rätselhafte
Art zustande, über die Katharina ihre älteste Schwester
zu befragen gedachte, sobald sie sie das nächstemal alleine sähe. Die Mutter hatte jedenfalls nicht ausgesehen wie
jemand, der sich freut, als sie mit kalten Händen stöhnend in ihrem Bett lag.

Aber jetzt ging es ihr bestimmt wieder besser, sicher hatte sie viel Tee getrunken und lange geschlafen, außer wenn sie das Bébé geweckt hätte, weil es trinken wollte. Nun mußte also auch ihre Mutter einem Kleinen ihre Brust hinhalten, wie die Kläfi und die Base. Noch nie hatte Katharina die Brust ihrer Mutter gesehen, aber auf diesen Anblick war sie mindestens so gespannt wie auf den Anblick ihres neuen Schwesterleins.

Die Frauen hatten zwei Brüste, das war praktisch, wenn es Zwillinge gab. »Eine Mutter hat 2 Brüste und bringt Zwillinge zur Welt. Wieviele Brüste kommen auf ein Kind?« Katharina kicherte. So eine Rechnung würde nie im Büchlein stehen. Warum eigentlich nicht? Im Kapitel »Die Zahlen eins und zwei«? Von den Vätern stand doch auch alles mögliche in den Rechenaufgaben, zum Beispiel die wirklich kinderleichte Rechnung »Der Vater will unter seine 2 Kinder 2 Äpfel verteilen, wie viele Äpfel erhält jedes Kind?« Und darauf hatte Anna Elmer doch tatsächlich geantwortet: »Zwei«, Katharina konnte sich noch genau erinnern, vor allem weil Anna danach dem Lehrer Wyss ihre Hände hinhalten mußte und auf jedes eine Tatze bekam, das machte zusammen zwei Tatzen.

Aus der Stube hörte sie Kaspar muhen. Er durfte schon wieder mit dem Puppenhaus spielen, in das er gestern erbrochen hatte, und er brauchte ihr nicht einmal zu helfen in der Küche. Offenbar trieb er jetzt die Tiere in den Stall, denn nun blökte er auch noch wie ein Schaf, und kurz darauf bellte er. Katharina ärgerte sich. Sie wollte auch in die Stube zum Puppenhaus. Schließlich war Sonntag, und wenn von den Großen niemand arbeitete, wieso sollte ausgerechnet sie in der Küche stehen? Es war unglaublich, wie fest die Kruste an der Pfanne klebte, viel fester als der Weinstein am Faß, dabei hatte sie nicht nur einen Schuß Essig, sondern auch noch einen Löffel voll vom Sand dazugegeben, der in einer Dose neben dem Trog stand. Katharina stieg von ihrem Hocker, trug ihn zum Herd, über dem sich das Regal mit den Gewürzen befand, und holte sich das Glas mit dem Salz herunter. Sie griff mit einer Hand hinein und nahm sich soviel, wie sie mit drei Fingern fassen konnte, stellte das Glas auf den Herd, ging zum Spültrog hinüber und warf das Salz in die Pfanne. Dann holte sie ihr Taburett zurück, stellte sich darauf und begann zu bürsten, so stark sie konnte. »Wenn sanden nichts hilft, dann salzen wir eben«, sagte in solchen Fällen ihre Schwester Anna, der sie das abgeguckt hatte.

Immerhin mußte Katharina nicht zur Kirche, darüber freute sie sich. Heute war die Taufe von Kleopheas Säugling, da ging es noch länger als sonst. Und die Geschichte von Noah, die Pfarrer Mohr in der Kinderlehre zu Ende erzählen wollte, kannte sie ja jetzt von der Großmutter. Ob der Meergletscher noch von der Sintflut her so hieß? Der war doch auch vom Meer überschwemmt gewesen, samt dem Hausstock. Katharina konnte sich das fast nicht vorstellen. Dann wären ja auch in der »Bleiggen« die Fische über die Weiden geschwommen, ganz zu schweigen von der »Meur«, die unerreichbar tief auf dem Grund des Ozeans gelegen wäre.

Draußen krachte es, und unter den Beinen des Hockers miaute Züsi. Katharina warf einen Blick auf das Schüsselchen mit Brot und Milch, das die Base heute morgen neben dem Ofen für die Katze bereitgemacht hatte. Es war immer noch unberührt. Sie stieg vom Hocker, holte das Schüsselchen und stellte es Züsi vor dem Spültrog auf den Boden. »Nimm's doch«, sagte sie,

»etwas Besseres gibt es nicht.« Vorwurfsvoll starrten sie die zwei gelben Augen an, und das Miauen hörte nicht auf. Katharina packte den Kopf der Katze und drückte ihn ins Schüsselchen. Empört entwand sich Züsi ihrem Griff und flüchtete durch die Tür in die Stube.

»Wer nicht will, hat gehabt«, sagte Katharina und stieg wieder auf ihr Taburett. Als sie die Bürste zur Hand nahm, kam vom Herd her ein böses, scharfes Geräusch. Das Glas mit dem Salz war zersprungen, zwischen den beiden Halften quoll es weiß heraus und begann sofort zu rauchen. Katharina hüpfte hinunter und stieß dabei ihren Hocker um. Das Schüsselchen für die Katze bekam einen Stoß und überschlug sich, die Milch floß unter den Rändern hervor und suchte sich einen Weg auf dem Küchenboden.

Katharina war verzweifelt. »Grosi!«, rief sie und stieß die Stubentür auf, »Grosi, ein Unglück!«

Erstaunt hob Kaspar seinen Kopf vom Puppenhaus, vor dem er mit zwei Schafen in der Hand kauerte. Gleich danach trat die Großmutter aus ihrem Zimmer in die Stube, gefolgt von der Base, die einen von Großmutters Zöpfen in den Händen hielt, während ihr die andere Hälfte des Haares über die Schultern hing.

»Jesses, Kind, was gibt's?« fragte sie.

»In der Küche!« rief Katharina und ging wieder zurück zum Herd, von dem sich der seltsam ätzende Geruch nach verbranntem Salz verbreitete.

Seufzend nahmen die beiden Frauen die Beseitigung des Unglücks in die Hand, das Grosi entfernte die Glasreste vom Herd und wischte mit Besen und Schaufel das Salz von der Platte, wobei sich der Geruch von angesengtem Pferdehaar mit dem Salzbrand mischte, die Base hob das Katzenschüsselchen auf, das ebenfalls in zwei

Teile zerbrochen war, und legte diese auf den Tisch. Die Brotbrocken mußte Katharina in einen Teller sammeln und in den Schweinekübel werfen, der im Vorraum stand. Die Milch nahm die Base mit einem Bodenlappen auf, den sie nachher über der Kartoffelfenzpfanne auswand.

Das ging alles so schnell, als hätten sie es zusammen eingeübt, und erst als alles wieder sauber war, fragte die Großmutter, warum um Gottes heiligen Willen sie denn das Glas mit dem Salz auf den Herd gestellt habe. Katharina erzählte, den Tränen nahe, das vom Sanden und Salzen, und natürlich hatte sie nicht daran gedacht, daß die Herdplatte noch warm war.

»Du Tötschli«, sagte die Base und zog sie zur Strafe so heftig am Ohr, daß Katharina aufschrie, worauf die Großmutter sagte, es sei schon gut, und hinzufügte: »Glück und Glas, wie leicht bricht das.«

Kaspar blickte auf die zwei Hälften des Katzenschüsselchens und sagte: »Kaputt.«

Das wisse sie auch, sagte Katharina trotzig, und er solle verschwinden zu seinem Puppenhaus.

Das könne man vielleicht noch leimen, sagte die Großmutter, Johannes solle das dann heute abend versuchen, der sei geschickt in solchen Dingen. Dann fragte sie Katharina, ob sie nicht doch mit den drei Männern in die Kirche wolle und von da aus zurück nach Hause, aber das wollte Katharina auf keinen Fall, selbst wenn sie noch das Geschirr vom Mittag abwaschen müßte. Sie bürste gleich noch die Kartoffelpfanne fertig aus, sagte sie und beeilte sich, das Taburett wieder vor den Spültrog zu schieben.

Nein, sagte das Grosi, es sei gut, sie hätte ja schon das ganze Geschirr abgewaschen und sei eine Fleißige gewesen, und das Bäsi könne das auch fertigmachen, vielleicht sei es eben doch ein bißchen zu schwer für so ein kleines Kathrinli.

Die Base warf Katharina einen verärgerten Blick zu, als sie jetzt die Bürste in die Hand nahm, und Katharina ärgerte sich über diesen Blick und über das kleine Kathrinli, und als die Großmutter sagte, sie gingen dann am Nachmittag zusammen in die »Meur«, fragte sie: »Warum?«

Einen Moment war es still in der Küche. Auf dem Hausdach tschilpten die Spatzen, als gälte es, gemeinsam einen großen Feind zu vertreiben. Die Base ließ die Bürste sinken und drehte sich zu Katharina, und verwundert fragte die Großmutter zurück: »Warum nicht?«

16

Chumm, Bibi!« rief Kaspar und warf den beiden Hühnern im Vorgarten aus einem Schüsselchen eine Handvoll Brosamen zu. Katharina hielt ihn etwas in die Höhe, damit er über den Zaun reichte. Hinter ihnen stand die Base, die sehen wollte, wie es den zugelaufenen Tieren ging.

Diese kamen, zögernd zuerst, unter den Rhabarberblättern hervor und näherten sich über den kleinen Pfad zwischen dem Beet mit den roten und dem mit den gelben Blumen den hingeworfenen Brotkrümeln, denen Kaspar sogleich noch einen zweiten Wurf folgen ließ.

Katharina ließ den Bruder wieder zu Boden gleiten, und zusammen schauten sie zu, wie die Tiere mit zunehmender Hast das Brot aufpickten.

Sie seien jedenfalls weder verhungert noch vom Fuchs geholt worden, sagte die Base, und irgendeinmal werde sich wohl jemand melden, dem sie weggekommen seien. Vielleicht hätten die Männer in der Kirche heute etwas gehört. Sonst, sagte sie und lachte dazu, sonst hätten sie wenigstens schon ihr Sonntagsessen von nächster Woche, das gebe es ja auch nicht alle Tage, daß einem der Braten von selbst ins Haus spaziere.

»Fast wie im Elsaß, gell«, sagte Katharina und war stolz, daß sie einen kleinen Witz machen konnte.

»Wieso meinst?« fragte die Base.

Katharina war enttäuscht. Die Base hatte sie nicht begriffen, obwohl sie doch erwachsen war.

»Im Lied, weißt du, das ihr gestern gesungen habt, da war doch auch alles verkehrt«, sagte sie und wartete darauf, daß die Base über ihren Witz lachte, jetzt, wo sie ihn ihr erklärt hatte.

Aber die Base nickte nur kurz und sagte: »Ach, *das* meinst.«

Vom Plattenberg herüber knatterte es, als würden Geschütze abgefeuert. Die Hühner hielten einen Augenblick inne, um dann weiterzufressen, die Base und Katharina drehten sich um und versuchten die Abbruchstelle zu sehen, fanden sie aber nicht.

»Will hinein«, sagte Kaspar.

»Mußt keine Angst haben«, sagte Katharina, »wir sind ja beim Grosi.«

Aus dem Wäldchen ertönte ein Jodelruf.

Die Base jodelte zurück.

»Der Paul kommt«, sagte sie, und ihre Augen blitzten fröhlich.

Katharina dachte, wie schön es war, groß zu sein. Da machte man sich Sorgen, und dann jodelte einfach ein Paul aus dem Wäldchen herauf und kam nach Hause, und alles war gut.

Sie freute sich mit der Base, als deren Mann jetzt auf dem Fußweg zwischen den Bäumen erschien. Neben ihm her ging Fridolin, und beide trugen dunkle Hüte auf dem Kopf. Ob Johannes nicht kam? Doch, jetzt war auch er zu sehen, auch er mit einem Hut, aber da folgten noch zwei Menschen hinterher, hutlos beide, und zwar ein Mann und eine Frau. Katharina erkannte sie beide, der Mann war der Hans-Kaspar aus der hinteren »Bleiggen«, und die Frau war ihre ältere Schwester Anna.

»Die Anna kommt!« rief Katharina und sprang vom Vorgarten zum Weg hinunter, den Ankommenden entgegen.

»Didi, wie geht's?« fragte Anna und gab ihr die Hand. Katharina glaubte gesehen zu haben, wie ihre Schwester Hans-Kaspars Hand losließ, der dicht neben ihr ging.

»Gut«, sagte sie. Sie gab Annas Hand frei, drehte sich um und ergriff sie gleich wieder, um neben ihr her zum Haus hinaufzugehen.

»Und dem Chäpp?«

»Auch wieder gut«, antwortete Katharina.

»Wieso wieder?« fragte Anna.

»Er mußte gestern kotzen«, sagte Katharina. Ins Puppenhaus, wollte sie hinzufügen, erinnerte sich aber noch rechtzeitig an den gestrigen Verweis und ließ es bleiben.

Jetzt kam ihnen auch Kaspar entgegen, der hinter Katharina hergerannt war, aber bevor er seine älteste Schwester begrüßen konnte, fing ihn Paul ab und lupfte ihn zu sich hinauf. »Da haben wir ihn!« rief er und hielt ihn hoch über seinen Kopf.

Kaspar wehrte sich strampelnd und krähend, da drehte sich Paul um und stellte ihn Anna vor die Füsse. »Es will noch jemand zu dir«, sagte er, und sofort schob sich Kaspar zwischen sie und ihren Begleiter und suchte ihre freie Hand, die ihm Anna bereitwillig gab.

Nun war auch Margret auf dem Fußweg angekommen und sagte lächelnd zu Paul, ob er sie nicht auch in die Luft heben wolle.

»Aber sicher«, gab Paul zurück, packte sie mit beiden Händen an den Hüften und stemmte sie so schnell und locker in die Höhe, als wäre sie ein Bündel Heu. Margret schrie erschrocken, er solle sie herunterlassen, doch Paul sagte, wer in die Luft wolle, müsse nachher auch oben bleiben.

Kaspar gluckste vor Vergnügen. »Bäsi fliegt«, sagte er zu Anna und Katharina und zu sich selbst.

»Ja«, rief Paul, »Bäsi fliegt bis zum Haus!« Und während sein Kopf rot anlief, trug er seine kreischende und zappelnde Frau den steilen Pfad zum Vorgarten hinauf.

Katharina kam es vor, als flattere ein riesiger Vogel über Pauls Hut, etwa so hatte Noah vielleicht seine Lämmergeier eingefangen.

Fridolin und Johannes feuerten ihren Bruder an. »Zu den Hühnern!« rief Fridolin.

»Wo die Weiber hingehören!« schrie ihm Johannes nach.

»Und wohin gehört ihr?« rief Anna dazwischen.

»Zu den Schweinen!« lachte Fridolin.

»Da sind wir!« Prustend stellte Paul seine Frau ins Gras vor den Zaun. »Das hättest du nicht gedacht, gell?« sagte er und gab ihr einen Kuß auf die Wange, »daß du einen so starken Cheib zum Mann hast.«

Margret wußte nicht recht, ob sie sich ärgern oder freuen sollte und entschied sich dann für das zweite. Alle waren so fröhlich und ausgelassen, daß sie nicht schmollen konnte.

»Fall mir nur nicht um«, sagte sie zu Paul, der immer noch keuchte, »sonst trag ich dich in die Küche.«

Paul lachte und rief Anna zu, hier seien ihre Hühner.

»Sind das unsere?« fragte Katharina erstaunt.

Nein, sagte Anna, die seien der alten Elsbeth fortgelaufen, die hätte sie schon überall gesucht, und sie werde sie ihr jetzt hinunterbringen, und Katharina und Kaspar könnten auch gleich mitkommen, die Eltern und das neue Schwesterlein warteten auf sie.

Katharina zuckte zusammen. Sie wollte nicht schon wieder zurück. Daß die Eltern auf sie warteten, mochte wohl sein, aber daß ein neugeborenes Schwesterlein schon auf sie warten konnte, schien ihr unwahrscheinlich, es kannte sie ja noch gar nicht.

»Sind sie das?« fragte Margret und zeigte Anna die beiden Hühner, die sich argwöhnisch gegen die Hauswand zurückzogen.

»Kann schon sein«, sagte Anna, »eine Henne soll einen bräunlichen Fleck am Bürzel haben.«

»Vom Scheißen«, sagte Paul und lachte, und alle Männer stimmten in sein Lachen ein.

»Hat sie auch, die rechts. Siehst du?« rief Margret und zeigte auf das Huhn, das zwischen den Blumenstengeln verschwand, »jetzt mußt du sie nur noch erwischen.«

Anna öffnete das Gartentörchen und ging vorsichtig ein paar Schritte an der Hauswand entlang. »Wo sind sie?« fragte sie leise.

»Da!« rief die Großmutter laut, die sich zum offenen Fenster hinauslehnte.

Erschrocken flatterten die Hennen auf und versuchten sich über den Zaun davonzumachen. Mit einem Aufschrei barg Katharina das Gesicht in ihren Armen, denn eines der Hühner flog genau auf sie zu. Johannes fing es ab, umklammerte es an den Beinen und hielt es sofort mit dem Kopf nach unten. Das Huhn wehrte sich mit heftigen Flügelschlägen, einer davon streifte Katharina, die so rasch zurückwich, daß sie Kaspar umschmiß, der hinter ihr stand.

Das zweite Huhn hatte den Sprung über den Zaun nicht geschafft; es war wieder ins Vorgärtchen zurückgefallen und rannte nun in höchster Angst am Zaun entlang, gefolgt von Anna, die es aber, da sie die Pflanzen schonen wollte, nicht erwischte. Da traf es ein Stein, den Hans-Kaspar geworfen hatte, am Kopf, es taumelte und blieb stehen, und geschickt packte es Anna an den Beinen und hob es mit dem Kopf nach unten in die Höhe.

Das entsetzte Gackern der Hühner, der Ruf nach Schnüren, das Weinen Kaspars, der ein Stück den Abhang hinuntergekugelt war, die Bravorufe der Männer, das Lachen der Frauen, das alles vermischte sich zu einem Lärm, der Katharina fast betäubte und sie gleichzeitig mit großem Glück erfüllte, fast wie der Gesang von gestern abend. Sie wollte Kaspar aufhelfen, aber der zog seine Hand, die Katharina ergriffen hatte, wütend zurück und rappelte sich alleine auf.

»Blöde Kuh«, sagte er nur.

»Muh!« antwortete Katharina und streckte ihm die Zunge heraus.

Den Hühnern wurden nun mit Schnüren, welche die Großmutter zum Fenster hinausgeworfen hatte, die Füße zusammengebunden, und dann wurden sie an einem Zaunpfahl aufgehängt, und ihr Gluckern wurde langsam leiser, als hätten sie gemerkt, daß sie ihrem Schicksal nicht entgehen konnten.

»So, wie war's in der Kirche?« fragte die Großmutter, die immer noch am Fenster stand, »ist der kleine Nigg getauft worden?«

Ja, sagte Fridolin, es sei anzunehmen.

Was das heißen solle, fragte die Großmutter.

Man hätte eben kaum etwas gehört, sagte Fridolin, ein solcher Saukrach sei gewesen von den Felsabbrüchen, einmal habe sogar der Pfarrer Mohr den Sigrist mitten in einem Lied hinausgeschickt, um nachzuschauen, ob etwas passiert sei. Und gerade bei der Taufe sei wieder eine Ladung gekommen, und da wären sie eben alle hinausgerannt. Ein paar Brocken seien bis hinter die Wirtschaft »Zum Martinsloch« gerollt, aber haargenau, und einer sei knapp daran vorbei und liege nun mitten im Raminerbach, das Wasser staue sich schon.

»Noch ein paar mehr, und ihr habt hinter der ›Meur‹ einen See!« sagte Paul und grinste.

»Und die Kathrin und das Kind?« fragte die Großmutter, zu Anna gerichtet.

Es gehe ihnen gut, aber Mutter habe ziemlich viel Blut verloren und sei noch sehr schwach. Jedenfalls sei sie noch nicht aufgestanden heute, sagte Anna. Und dem Kind fehle nichts, trinken tue es gut.

»Gottseidank«, sagte die Großmutter.

Ob denn die Kleinen bereit seien zum Mitkommen, fragte Anna.

Nein, sagte Katharina, sie wolle lieber hier Mittag essen. Aus dem offenen Fenster schwebte ein verheißungsvoller Duft, es roch fast wie an Neujahr.

Als Anna die Einladung zum Mittagessen ablehnte, weil man sie in der »Meur« unten brauche, sagte die Großmutter, sie nehme dann die Kinder am Nachmittag mit, und Anna solle doch noch ein paar Dahlien pflücken für die Kathrin.

Auf einmal erschien die Katze auf dem Fenstersims.

»Züsi!« rief Anna, »du Landstreicher, kommst du mit mir und den Hühnern?«

Züsi schmiegte sich schnurrend an den Ellbogen der Großmutter. »Die bring ich dann mit«, sagte diese, »wenn ich mit den Kindern komme.«

Im Untertal verstehe niemand, wie die Katze den Weg in die »Bleiggen« gefunden habe, sagte Anna, und auch noch das mit den Hühnern, ein Rätsel sei das.

»Die Tiere haben halt auch ihre Launen«, sagte Paul, »wie die Kinder, gell, Didi?« und gab Katharina einen Klaps auf die Schulter, der sie fast umstieß.

»Ja«, sagte Katharina, und fügte dann schnell hinzu: »Vielleicht haben sie Angst.«

Alle schwiegen einen Moment, überrascht von der Antwort, dann sagte die Großmutter, sie sollten hereinkommen, gleich stehe das Essen auf dem Tisch.

Wenig später waren nur noch Katharina, Hans-Kaspar und Anna draußen, Hans-Kaspar sagte zu Anna, er käme heute gegen Abend nochmals in die ›Meur‹, es begann wieder zu regnen, und als Anna auf dem Fußweg talwärts ging, in einer Hand einen Strauß roter Dahlien, in der andern die Schnur, an der die leise gackernden Hühner baumelten, und sich vor dem Waldchen noch einmal umdrehte und ihr und Hans-Kaspar mit dem Blumenstrauß zuwinkte, spürte Katharina einen Klumpen im Hals, der schlimmer war als der Kropf, an dem Großvater gestorben war.

17

Nein«, sagte Katharina.

Die Großmutter hatte sie gerade aufgefordert, sich bereitzumachen, um mit ihr und Kaspar in die »Meur« zu gehen. Katharina kniete vor dem Puppenhaus in der Stube und hatte die ganze Knöchelfamilie vor dem Haus versammelt, Vater, Mutter, Knecht und Magd samt drei Kindern standen in einer langen Reihe. Katharina war daran, die zwei Kühe aus dem Stall zu holen und zu den Schafen, den Schweinen und dem Hund ans Ende der Reihe zu stellen. Die Hühner hatte sie vorher zuoberst auf den Schieferofen gebracht, wo es ein kleines, warmes Bettlager gab, auf das sich die Großmutter nach dem Mittagessen kurz hingelegt hatte, bevor sie in ihr Zimmer gegangen war, um sich für den Besuch im Untertal anzuziehen. Dieses Bettlager war nur erreichbar, wenn man hinter dem Ofen drei hohe Tritte hinaufstieg, und Katharina hatte jedes der sechs Hühner einzeln hochgetragen. Auf Kaspars Frage, wohin die Bibi gingen, hatte sie geantwortet, in die »Bleiggen«. Und nun hatte die Bauernfamilie beschlossen, die Hühner suchen zu gehen, und alle kamen mit, auch die Tiere, denn gerade sie wollten unbedingt wissen, wohin die Hühner verschwunden waren.

»Aber Kind«, sagte die Großmutter, »willst du denn dein Schwesterlein nicht sehen?«

»Nein«, sagte Katharina und hob die zweite Kuh von ihrer Krippe weg und gesellte sie zur ersten, die bereits zwischen einem Schwein und dem Hund stand.

»Und warum nicht?« fragte die Großmutter.

»Ich kann noch lange genug Kindsmagd sein.«

Davon hatte ihr die Mutter schon mehrmals gespro-

chen, wie sehr sie auf sie zähle, wenn das Kleine einmal
auf der Welt sei.

Die Großmutter schüttelte den Kopf. »Hör jetzt«, sagte
sie dann zu ihr, »du hilfst nun dem Kaspar, seine Schuhe
und seine Pelerine anzuziehen, und du ziehst sie am be-
sten auch gleich an und machst euer Bündelchen bereit,
das Bäsi kann dir dabei helfen.«

Widerwillig erhob sich Katharina, nahm Kaspar bei
der Hand und ging mit ihm durch die Küche in den
Vorraum. Vom Tisch, an dem sie vor kurzem alle gesessen hatten, ging immer noch ein Duft nach Schinken
und Kohl aus, der Katharina angenehm in die Nase stieg
und sie an das wunderbare Essen erinnerte, das ihr
warm im Magen lag. Zwar hatten sich die Männer fast
während des ganzen Essens gestritten, immer über dasselbe, nämlich ob das etwas zu bedeuten habe, wenn
während eines Gottesdienstes ein solcher Steinschlag sei,
und ob man deswegen im Schiefer nicht mehr arbeiten
dürfe, und wer darüber überhaupt zu bestimmen habe,
ein Förster aus Glarus oder einer aus Matt, oder sie hier
in Elm, und wenn Paul mit donnernder Stimme von
den paar Steinchen sprach, neigte Fridolin seinen Kraus-
kopf etwas zur Seite und sagte dauernd, man dürfe nicht
vergessen, man müsse auch bedenken, man solle sich
doch vorstellen, und Johannes nickte abwechselnd zum
einen und zum andern und sah etwas unglücklich aus,
denn am liebsten hätte er einfach gegessen und sich
still gehalten. Die Frauen schienen keine Meinung zu
haben, worüber sich Katharina wunderte, aber die Base
sagte nichts, und die Großmutter warf von Zeit zu Zeit
ein, sie sollten sich nicht streiten an einem Sonntag, und
wer noch mehr Schinken oder Kohl wolle. Immer,
wenn Fridolin sprach, ließ Katharina ihre Gabel sin-

ken und hörte auf zu kauen, und wenn Paul das Wort hatte, schaute sie auf ihren Teller und aß weiter.

Nachher waren sie einträchtig ins Dorf aufgebrochen, Fridolin wollte seinen Wochenlohn vom Schieferwerk abholen, Johannes wollte ins Wirtshaus, und Paul wollte zum Schindelmacher nach Steinibach, weil das Stalldach neu gemacht werden sollte.

Als Katharina vor ihrem Bruder kniete, der auf dem Schuhbänklein saß, und ihm seine Füße in die Schuhe drückte, hörte sie die Katze miauen. Züsi stand auf der Schwelle zur Küche und rieb sich ihren Buckel am Türpfosten.

Katharina ließ den Schuh fallen, den sie in der Hand hatte, und ging durch die Küche in die Stube zum Zimmer der Großmutter. »Grosi«, sagte sie, als sie unter der Tür stand.

Das Grosi saß auf einem Stuhl und hatte ein geöffnetes Schmuckkästchen auf den Knien. Sofort vergaß Katharina, was sie die Großmutter hatte fragen wollen, und blickte staunend auf den Silberschatz, der ihr aus dem kleinen Behälter entgegenblitzte. Ketten sah sie, und Armreifen, und Fibeln, und war das nicht eine Perlenschnur, die dort über den Rand hinausshing? Wo war sie hier, in Grosis Schlafgaden in der »Bleiggen« oder beim Kaiser von China?

»Die da«, sagte die Großmutter und hielt eine Brosche in die Höhe, »die da ist für die kleine Fämmi. Sie ist noch von meiner Großmutter. Gefällt sie dir?«

Katharina kam näher, und die Großmutter legte ihr die Brosche in die Hände. Es war eine zierliche, silberne Blume.

Katharina nickte. Natürlich gefiel sie ihr. Sie konnte

sich gar nicht vorstellen, daß eine solche Brosche jemandem nicht gefiel.

»Jede Enkelin«, sagte die Großmutter, »bekommt von mir zur Geburt einen kleinen Schmuck. Du hast auch einen, gell?«

Jetzt kam Katharina in den Sinn, daß ihre Mutter eine Haarspange für sie aufbewahrte. »Ja«, sagte sie, »aber ich darf sie erst bei der Konfirmation tragen.«

»Dann bist du auch groß genug und kannst darauf aufpassen. Und nachher hast du sie ein ganzes Leben.«

Katharina fand zwar, auf eine Haarspange könnte sie schon jetzt aufpassen, doch sie widersprach nicht.

Als die Großmutter die Brosche in ein Seidenpapier einwickelte und das Schmuckkästchen wieder schloß, erschien Kaspar mit einem Schuh in der Hand.

»Schuhe anziehen«, sagte er vorwurfsvoll zu Katharina.

»Ja«, sagte das Grosi, »mach vorwärts!«

Nun kam Katharina wieder in den Sinn, was sie hatte fragen wollen.

»Grosi«, sagte sie, »was machen wir mit Züsi?«

Die Großmutter sagte, sie hole gleich den Deckelkorb in der Küche, und Katharina solle Züsi einfangen und ihr bringen.

Kaspar war vom Gehörten begeistert. »Züsi fangen!« rief er, rannte mit seinem Schuh in der Hand zur Küchentür und warf ihn auf die Katze, die sofort die Treppe hinauf in den oberen Stock entwischte.

»Dumm, dumm, dumm!« rief Katharina ihrem Bruder zu, »so vertreibst du sie!«

Kaspar ließ sich nicht beirren und kraxelte die Treppenstufen hoch. Als ihm allerdings vom obersten Absatz die Katze entgegenfauchte, ließ sein Eifer etwas nach, und er blickte sich nach seiner Schwester um. Die ging an ihm vorbei auf Züsi zu, der sie ruhig zuzusprechen versuchte. »Komm«, sagte sie so lieb wie möglich, »komm, du darfst wieder nach Hause.«

Aber Züsi hatte offensichtlich keine Lust, nach Hause zu gehen, sie flüchtete vor Katharina die nächste Treppe hinauf, die in den obersten Stock führte, wo Johannes und Fridolin ihre Schlafkammern hatten. Dort war Katharina noch nie gewesen, und nur zögernd setzte sie ihren Fuß auf die erste Stufe. »Jetzt geht sie ganz hinauf!« schrie sie ihrem Bruder wütend zu, der nun den ersten Stock auch erreicht hatte.

»Kommt, Kinder!« rief die Großmutter von unten, »zieht euch zuerst an, dann kommt die Katze von selber herunter!«

Hinter Bäsis Tür begann die kleine Anna zu greinen. Die Tür öffnete sich, und die Base schaute verärgert heraus. »Was ist das für ein Mordskrach?« fragte sie, »jetzt habt ihr mir die Kleine geweckt!« Betreten schlichen Katharina und Kaspar an ihr vorbei und gingen die Treppe hinunter. Die Großmutter setzte Kaspar auf das Schuhbänklein und steckte ihm den einen Fuß in den Schuh, den er Züsi nachgeworfen hatte. Dann band sie ihm die Schnürsenkel zu, worüber Katharina sehr froh war, denn das konnte sie nur bei sich selbst. Wenn sie es bei Kaspar machen sollte, mußte sie sich hinter ihn stellen und ihm von hinten an die Schuhe greifen, damit sie die Schuhbändel vor sich hatte, als ob es ihre eigenen wären, und wenn sich Kaspar, dem das gar nicht gefiel, dabei umdrehte, dann war alles verloren, und sie konnte wieder von vorn anfangen.

»So, Didi, und *deine* Schuhe?« fragte die Großmutter.

Katharina war immer noch in den Socken und merkte, daß sie danebenstand und zuschaute wie jemand, der nicht mitkommt. Sie hatte weder begonnen, ihre Pelerine anzuziehen noch ihr Bündelchen zu packen.

»Ich komme nicht mit«, sagte sie. Das Blut schoß ihr in den Kopf. Was hatte sie da gesagt?

Das durfte man doch gar nicht. Sie war noch klein, so klein, daß man ihr nicht einmal eine Haarspange gab, die doch ihr gehörte, und die Großmutter war groß, und mit einem solchen Satz durfte man ihr nicht kommen. Aber eigentlich war es ihr, als hätte sie ihn gar nicht selbst gesagt, sondern eine zweite Katharina, die irgendwo in ihrem Bauch wohnte.

»Was hast du gesagt?« fragte die Großmutter denn auch prompt, und Katharina, die eigentlich sagen wollte, sie ziehe gleich die Schuhe an, wiederholte diesen verbotenen Satz nochmals: »Ich komme nicht mit.«

Sie senkte den Kopf, denn sie war sicher, daß sie gleich eine Ohrfeige bekäme oder daß sie das Grosi mindestens an den Zöpfen ziehe. Statt dessen fragte Grosi etwas Unerwartetes: »Wann willst du denn wieder heim?«

Das hatte sich Katharina nicht überlegt, aber die zweite Katharina meldete sich wieder, und ihre Antwort kam wie von selbst: »Morgen nach der Schule«, sagte sie, »ich kann doch von hier aus in die Schule, oder?«

Als die Großmutter keine Antwort gab, fügte sie hinzu: »Ich kenne ja den Weg.«

Und als die Großmutter immer noch stumm blieb, rief ihr die innere Katharina fröhlich zu: »Ich kann mit Lena hinuntergehen!«

Und je länger die große Großmutter schwieg, desto kleiner wurde sie, und desto größer wurde die Katharina in ihrem Innern.

»Du Trotzkopf«, sagte das Grosi.

Die beiden Katharinas jubelten lautlos. Sie wußten, daß sie gewonnen hatten.

Auch als die Großmutter noch hinzufügte: »Den Dickschädel hast du von deinem Vater«, hätte sie gerade so gut sagen können: »Also meinetwegen.« Und genau das sagte sie jetzt: »Also meinetwegen«, und damit es nicht allzu lieb klang, sondern ein bißchen streng, wie man das von einer Großmutter erwartete, ließ sie noch einen Nachsatz folgen: »Dann bleib halt.« Aber es klang nicht streng in Katharinas Ohren, sondern es klang wie ein lustiges Lied, bleiben durfte sie, wie gut hörte sich das an, sie fühlte sich wie der Floh im Elsaß, und auch als Grosi einen noch strengeren Satz anhängte, einen bösen eigentlich, damit wirklich klar war, daß sie streng und böse sein mußte mit einem derart unfolgsamen Kind, klang es für Katharina schmeichelnd und lieb, »dann geh ich eben mit Kaspar allein«, ja, dann sollte sie eben mit Kaspar allein gehen, das war genau das richtige, dann brauchte Katharina ihm nicht dauernd zu helfen, beim Brünzeln, beim Kotzen und beim Wassertrinken, und sie mußte auf niemanden aufpassen als auf sich selbst, und auch als jetzt die Base von oben rief, dann könne ihr ja die Didi die Kleine hüten, änderte das nichts an Katharinas Hochgefühl, denn die Didi, das war die Katharina, welche die andern kannten, die, die jetzt mit beiden Händen Kaspar die Pelerine hinhielt, aber irgendwo in ihr drinnen war die wirkliche Katharina, die kannte nur sie, die saß auf einer goldenen Kugel, mit einer silbernen Spange im Haar, und wußte genau, was sie zu tun hatte, und diese Katharina hatte sich durchgesetzt.

18

Wollt ihr wohl?« sagte Katharina zu den Schafen, die auf der Türschwelle zu Grosis Zimmer standen. Sie waren als einzige nicht aus Knöchelchen gemacht, sondern aus kleinen Tannenzapfen, und als Beine hatten sie Streichhölzer. Ein feiner Duft nach Harz ging von ihnen aus.

Die Schafe blökten und wichen nicht von der Stelle. Als ob sie nicht wüßten, daß sie im Schlafgaden der Großmutter nichts zu suchen hatten.

»Dann muß der Sultan her«, sagte Katharina und holte den Hund, der auf einem der Ofentritte stehengeblieben war, als er eine Kuh hinaufgetrieben hatte. Sie stellte ihn hinter die kleine Herde, und nun bequemte sich ein Schaf nach dem andern, den langen Weg auf den Schieferofen unter die Füße zu nehmen, gefolgt vom schwarzen Sennenhund, der ihnen manchmal sogar nach den Hinterbeinen schnappte. Katharina, die auf den Knien rutschte, hob die Tiere auf und setzte sie in kurzen Abständen wieder auf den Boden, und so rückte die Herde langsam an den Fuß des Ofens.

Die kleine Anna war in einen Korb gebettet, der neben dem Ofen stand, und als der Hund wieder einmal ein langsames Schaf anbellte, begann sie zu weinen. Das war ärgerlich, denn die Schafe waren noch nicht an ihrem Ziel, und Katharina wollte sie zuerst zur Bauernfamilie bringen.

»Achtung, der Lämmergeier!« rief sie, packte zwei Schafe auf einmal und trug sie rasch auf den Ofen, wo sie mit tiefer Stimme »Brave Schafe!« sagte. Der Bauer hatte gesprochen. Dann verfuhr sie mit den andern ebenso, und nun war die ganze Familie mit allen Tieren auf dem Ofen versammelt, und Menschen, Schafe, Schweine,

Kühe, Pferde, Ziegen und Hühner blickten vom Rand des Ofens in die Stube hinunter.

Jetzt holte Katharina das Kind aus dem Bettchen. Wie schwer so ein Säugling war! Sie ließ sich auf einem Stuhl am Tisch nieder und setzte sich das Kind aufs Knie. Das schien diesem zu gefallen, jedenfalls hörte es auf zu weinen und schaute sich in der Stube um.

»Alle sind dort oben«, sagte Katharina und zeigte zur Puppenfamilie. »Sie haben die Hühner gesucht, und jetzt haben sie sie gefunden. Siehst du die Hühner?«

Aber das kleine Kind schaute nicht zum Ofen hinauf, sondern auf den Boden hinunter.

»Die Hühner hatten Angst vor den Steinen und sind geflüchtet, ganz weit hinauf. Dort hinauf.« Katharina zeigte nochmals auf den Ofenrand knapp unter der Stubendecke, und als das Kind einfach nicht dorthin schauen wollte, nahm Katharina sein Kinn in die Hand, drehte es zum Ofen und drückte es dann nach oben. Das Kind begann zu klagen, wandte sein Köpflein zur Seite und stemmte sich mit den Füssen gegen Katharinas Oberschenkel. Katharina ließ ihre Hand sinken, und sofort schaute die kleine Anna wieder auf den Boden.

»Dann schau halt hin, wo du willst«, sagte Katharina. So ein Kind war wohl wirklich noch zu klein, um ihm etwas beizubringen. Oft konnte sie ja nicht einmal Kaspar dazu bewegen, das zu tun, was sie wollte, und der war immerhin schon vier. Vor zwei Stunden war er an der Hand der Großmutter den Weg ins Dorf hinuntergegangen. Wie ein Zwerglein hatte er ausgesehen in seiner Pelerine. Katharina hatte ihnen aus dem Stubenfenster nachgeblickt, die Großmutter trug am freien Arm den großen Schirm und den Deckelkorb, den sie mit zwei Schnallen verschlossen hatte, denn Züsi hatte sich fast nicht einsperren lassen, und ihr Miauen war noch zu hören, als die beiden im Wäldchen verschwanden. Der Base war es gelungen, Züsi auf der oberen Treppe einzufangen, und sie hatte noch einen Kratzer an der Hand erwischt, den ihr die Großmutter nachher mit Branntwein behandelte. Als Kaspar sah, daß seine Schwester noch dableiben durfte, wollte er zuerst auch nicht gehen.

»Will auch bleiben«, hatte er gesagt und sich in seiner Pelerine wieder auf das Schuhbänklein gesetzt.

»Kannst denken«, hatte die Großmutter gesagt und ihn sogleich wieder an der Hand in die Höhe gezogen, da hatte er sich gefügt. Inzwischen mußten sie in der »Meur« angelangt sein und hatten sicher beide schon das Schwesterlein gesehen. Ob es ihre Eltern wirklich Euphemia nennen würden, wie das die Großmutter wollte? Sie hatte ihren Schmuck so selbstverständlich für die kleine Fämmi bereitgemacht, als ob das Kind schon längst auf diesen Namen getauft sei. Vielleicht, dachte Katharina, hätte sie doch mitgehen sollen, nur um zu sagen, daß sie Vreneli besser fände. Aber auf sie würde man doch nicht hören, also konnte sie gerade so gut noch hierbleiben und ganz allein mit den Puppen spielen und dazu die kleine Anna hüten, die schon wieder auf den Boden schaute statt zum Ofen hinauf.

Als nun Katharina auch auf den Boden schaute, merkte sie erst, was Annas Blick anzog. Da stand immer noch der kleine schwarze Sennenhund und wartete darauf, daß ihn ein Lämmergeier oder eine Hand, die einen Lämmergeier spielte, zu der Bauernfamilie und ihren Haustieren hochtrug.

»Armer Sultan«, sagte Katharina, »bist du ganz allein zurückgeblieben?«

Sie nahm die kleine Anna in beide Arme und wollte

aufstehen, um sie wieder in ihren Korb zurückzulegen, aber bevor sie sich erheben konnte, fing Anna wieder an zu weinen, und Katharina behielt sie auf ihren Knien.

»Du mußt warten«, sagte sie zu dem verlassenen Sultan, »ich bring dich dann schon zu den andern.« Und sie ließ Anna auf ihren Knien ganz leicht auf und ab hopsen, was sie wieder beruhigte. Als diese jedoch nicht aufhörte, auf den Boden zu starren, fragte Katharina: »Willst du zum Wauwau?« Ohne abzuwarten, legte sie die Kleine auf dem Bauch direkt vor den Knöchelhund, aber Anna brach sogleich in durchdringendes Geschrei aus. Unwillig packte Katharina sie wieder und versuchte sie mit dem Rücken an die Wand des Schieferofens zu setzen. Anna sank zur Seite und konnte sich nicht wieder aufrichten, und sie begann zu jammern. Da setzte sich Katharina selbst mit dem Rücken an den Schieferofen, spreizte ihre Beine und setzte Anna vor sich hin, indem sie sie mit beiden Armen umfing. In dieser Stellung, die Anna endlich zu behagen schien, wartete sie ein Weilchen. Sie ließ ihre Zöpfe vor der Kleinen hin- und herbaumeln, und Anna schaute zuerst zu, und dann griff sie solange danach, bis sie einen erwischt hatte, um den sie ihre kleine Faust schloß. Als sie daran zog, stieß Katharina einen kleinen Schmerzensruf aus, und das Händchen gab den Zopf wieder frei. Katharina schwang die Zöpfe hinter ihren Kopf, löste dann vorsichtig einen Arm und streckte ihn nach dem Hund aus.

In dem Moment wurde ein Kanonenschuß auf das Haus abgefeuert, der sämtliche Scheiben erzittern ließ. Katharina hörte das Bäsi im oberen Stock aufschreien. Sie ließ die kleine Anna zu Boden sinken und rannte zum Stubenfenster. Über dem Plattenberg stieg eine böse dicke Rauchwolke auf, nicht von einem Feuer und nicht von einer Kanone. Da mußte etwas Mächtiges abgebrochen sein, mehr als ein Felsblock, ein Stück vom Berg.

Anna weinte, Katharina drehte sich um, hob sie auf und schleppte sie ans Fenster, auf der Treppe waren schnelle Schritte zu hören.

»Was war das?« fragte die Base, als sie gleich darauf in die Stube trat.

»Ein Stück vom Berg ist abgebrochen«, antwortete Katharina und zeigte auf die rauchende Stelle.

»Das kann doch nicht sein«, sagte die Base und trat zu Katharina ans Fenster.

Das Echo des Donners grollte von allen Bergwänden, dazu rumpelte es im Tal unten, als ob ein Riese mit Felsblöcken kegelte.

Langsam wurde es still. Ein leichter Wind trieb feine Regentropfen gegen die Fensterscheiben. Die Spatzen, die den ganzen Nachmittag um das Haus herum gelärmt hatten, waren verstummt. Die Staubwolke an der Abbruchstelle blähte sich immer stärker auf. Dahinter mußte ein großes kahles Stück liegen, sie brauchten nur zu warten, bis sich die Wolke auflöste, dann würden sie das Loch im Wald sehen.

»Hoffentlich kommen sie bald zurück«, murmelte die Base, und fügte dann aufseufzend hinzu: »Zum Glück ist der Paul nach Steinibach.«

Katharina stellte sich vor, wo Steinibach lag, hinter dem Dorf, weit vom Plattenberg weg. Dann sagte sie:

»Aber das Grosi ist im Untertal.«

»Vielleicht ist es schon auf dem Heimweg«, sagte die Base.

»Ja«, sagte Katharina, »und vielleicht bringt es die Mama und den Ätti und alle andern mit.«

»Wo denkst du hin«, sagte die Base schroff, »wer im Kindbett liegt, läuft nicht den Berg hinauf.«

»Und wenn man sie trägt?« fragte Katharina.

»So schlimm wird's schon nicht sein«, sagte die Base.

Anna, die immer noch von Katharina umklammert wurde, wimmerte.

»Komm«, sagte die Base, öffnete ihre Bluse und hob die Kleine an ihre Brust. Aber Anna stieß sich mit den Fäustchen von ihrer Mutter ab und wollte nicht trinken.

»Dann halt nicht«, sagte die Base, ging zum Korb neben dem Ofen und legte ihr Kind hinein. Aber dieses begann so verzweifelt zu schreien, daß sie es sofort wieder herausnahm und auf den Armen zu wiegen begann.

»Nina, butti, Wiegeli

Uf em Dach het's Ziegeli«,

sang sie leise und beschwörend, und Katharina, die immer noch am Fenster stand, hoffte inständig, daß die Ziegel noch auf dem Dach der »Meur« lagen und daß nicht einer dieser üblen Brocken auf das Haus gerollt war, in dem jetzt wahrscheinlich alle außer ihr versammelt waren, Mutter, Vater, Anna, Regula, Jakob, Kaspar und das Neugeborene, wie immer es hieß, denn Sonntag war der Tag, an dem man zu Hause blieb, wenigstens wenn man von der Kirche und der Kinderlehre zurück war; dann gab es gewöhnlich ein gutes Mittagessen, manchmal kochte die Mutter einen Braten, und für die Kinder legte sie zusätzlich ein Brot in die Pfanne, das sie dann mit der Bratensauce übergoß, so daß das Brot, das wunderbar mürb und weich war, wie Fleisch schmeckte. Das nannte sie Kinderbraten, und es war so gut, daß auch ihre große Schwester Anna, die doch kein Kind mehr war, fast lieber davon aß als vom wirklichen Braten.

Am Nachmittag mußten die Eltern jeweils die Wirtschaft hüten, und die Kinder durften bei schönem Wetter vor dem Haus spielen, und wenn es regnete, mußten sie im oberen Stock bleiben und ruhig sein. Das war nicht einfach, vor allem wollte Kaspar immer beschäftigt sein. Das einzige Spielzeug, das sie gemeinsam liebten und umkämpften, war das Schaukelpferd, aber sonst waren seine Spiele nicht die von Katharina. Johannes hatte ihnen einmal aus der Schreinerei schöne kleine Holzklötze gebracht. Damit saß Kaspar gern im Gang und schichtete sie aufeinander, doch wenn ihm ein Turm oder ein Haus zusammenbrach, begann er immer zu heulen, und man mußte das eigene Spiel unterbrechen, um ihm beim Wiederaufbau zu helfen.

Katharina durfte, seit sie in der Schule war, mit Jakob und Regula »Ich weiß etwas« spielen, und das gefiel ihr sehr. Sie saßen dann alle drei auf dem Bett, und eines von ihnen dachte an etwas Bestimmtes, vielleicht an die Sonne, und die andern mußten durch Fragen herausfinden, was es war. Ist es etwas Lebendiges, war eine gute Frage, ist es aus Holz, oder ist es aus Stein, war eine andere Frage, kann man es anfassen, sollte man auch irgendeinmal fragen, gerade die Sonne konnte man ja nicht anfassen, oder den Wind oder eine Regenwolke auch nicht. Für jede Frage gab es einen Strich auf der Schiefertafel, und wer sich das Schwierigste ausgedacht hatte, für das man am meisten Strichlein machen mußte, hatte gewonnen. Jakob dachte oft an etwas Blödes, zum Beispiel an seine Unterhosen, und Regula dachte gern an Kinder, die mit ihr in die Schule gingen, und Katharina hatte einmal eine Runde gewonnen, als sie an das Kind dachte, das ihre Mutter im Bauch trug, da waren die andern fast nicht draufgekommen, denn es war etwas Lebendiges, das man trotzdem nicht anfassen konnte, Regula und Jakob überboten sich in den kühnsten Vermutungen von Adler bis Walfisch, die Katharina alle stolz kichernd verneinte und mit einem Kreidestrich erledigte, bis Regula schließlich als fünfundfünfzigste Frage die richtige stellte, und Katharina erinnerte sich gut, wie ihre Schwester dabei rot geworden war.

Plötzlich kam Katharina etwas in den Sinn, das sie vergessen hatte. Während das Bäsi mit der kleinen Anna auf den Armen von der Stube in die Küche ging, kroch sie zum schwarzen Knöchelsennenhund und machte mit ihm den Weg auf den Ofen, indem sie ihn in kurzen Abständen auf den Boden setzte. Kein Lämmergeierflug diesmal, denn Sultan war schließlich ein Wach- und Hirtenhund und mußte überall hinschauen, ob nicht ein Tier unterwegs verlorengegangen war.

Anna war wieder ruhig geworden, und die Base kam mit ihr von der Küche zurück.

»Katharina, wo bist du?« fragte sie erschrocken.

Katharina war soeben bei der Bauernfamilie auf dem Ofen angekommen und setzte den Hund zu den Schafen. »Gerettet«, flüsterte sie ihm ins Ohr.

19

Katharina saß im Schneidersitz auf dem Stubentisch und hielt die kleine Anna in den Armen.

Aus der Küche war das Knistern des Feuers zu hören, das die Base im Herd angemacht hatte, und der Duft von Tannenholz verbreitete sich sachte im ganzen Raum. Katharina hatte das kleine Kind auf ihren rechten Oberschenkel gesetzt, hielt es mit dem einen Arm umfangen, und mit der Hand des andern Arms stützte sie es vorn. Sie zeigte ihm, was sie sah.

»Siehst du, dort, wo's grau ist, mitten im grünen Wald, dort ist alles heruntergefallen.«

Die Wolke, mit welcher die Abbruchstelle vor einer Viertelstunde bedeckt war, hatte sich langsam aufgelöst. Ein großer Riß ging quer über den Abhang. Katharina sah ihn sehr gut dort, wo der Fels abgebrochen war, und sie ahnte ihn dort, wo er im Tannenwald verschwand. Das mußte der Erdspalt sein, von dem die Wildheuer erzählt hatten.

»Siehst du den dunklen Strich? Das ist der große Chlagg.«

Anna versuchte wieder nach einem von Katharinas Zöpfen zu greifen.

Katharina wiegte ihren Kopf hin und her und sang:

»Der große Chlagg, der große Chlagg.«

»Was sagst du da?« fragte die Base, die in der Stubentür erschien.

»Man sieht den großen Chlagg«, sagte Katharina.

»Wo?« fragte die Base.

»Au!« rief Katharina. Die kleine Anna hatte einen Zopf erwischt und zog daran. Als Katharina die winzigen Fingerchen von ihrem Haar gelöst hatte, warf sie ihren Kopf nach hinten, daß ihr die Zöpfe über die Schultern hingen, und zeigte dem Bäsi den Chlagg.

»Du meinst, das sei er?« fragte das Bäsi.

Katharina nickte. Wieso meinen? Natürlich war er das. Sie wunderte sich über die Base. Sie habe immer gemeint, der sei weiter oben, sagte diese. Schon wieder meinen. Katharina nahm sich vor, wenn sie einmal erwachsen wäre, so wenig wie möglich zu meinen.

»Nein«, sagte sie mit großer Bestimmtheit, »das ist er. Und er hält nicht mehr lang.«

Sie erschrak. Den letzten Satz hatte sie nicht selbst gesagt, das mußte die zweite Katharina gewesen sein.

»Woher willst *du* das wissen«, sagte die Base, »der hält, solang er will. Ich mach uns jetzt einen frischen Tee.« Und sie ging zurück in die Küche, von wo bald Geräusche von Pfannen, Tassen, Krügen und Wasserschöpfen und Holznachlegen kamen.

Katharina dachte über das nach, was sie soeben gesagt hatte.

Wenn das wahr war, und daran zweifelte sie nicht, wenn das wahr war, dann sollten jetzt alle Menschen aus dem Untertal wegrennen, so schnell sie konnten. Hoffentlich tun sie das, dachte sie, hoffentlich tun sie das, hoffentlich rennen sie jetzt weg, lieber Gott, mach, daß sie endlich wegrennen, wenigstens unsere Familie. Der obere Jaggli und der untere Jaggli, die würden sicher hocken bleiben und nach oben schauen und sich freuen an den rumpelnden Steinen, oder wenn sie sich entschließen würden wegzugehen, würden sie vorher noch ihre Bündel schnüren mit den Kleidern drin und dem Sparstrumpf und würden die Fensterläden schließen, damit die Scheiben nicht kaputtgingen wie in der Wirtschaft »Zum Martinsloch«, und das Haus würden sie

wahrscheinlich noch abschließen und noch einmal hin-
eingehen, wenn sie den Schlüssel nicht fänden, aber der
Ätti hätte sich in der Zwischenzeit sicher mit dem Beat
Rhyner besprochen, der traute doch dem Abhang auch
nicht, der hatte ja den großen Chlagg sogar selbst gesehen, und jetzt merkten sie bestimmt, daß sie davon-
rennen mußten, und die Mutter konnten sie ja auch hin-
untertragen und auf den Holzschlitten laden, der Vater
zog ihn wahrscheinlich schon aus dem Geräteschuppen,
und Anna soll das Neugeborene tragen, und Jakob und
Regula sollen schon rennen, und sie sollen den Kaspar
in die Mitte nehmen, aber nicht zur eisernen Brücke,
sondern in die andere Richtung, zur Gehren, wie die
Lobe, die jetzt mit hoch erhobenem Schwanz brüllend
wegspringt, und da kommt der Hans-Kaspar vom Dorf
hergerannt, über die eiserne Brücke, weil er den Kanonenschuß gehört hat und weil sicher schon Häuser ver-
schüttet worden sind und weil er helfen will, weil er vor
allem seiner Anna helfen will, und der Johannes ist auch
dabei, und während ein paar Kinder vom Untertal wegrennen, eilen ganze Gruppen von Männern und Frauen
dem Untertal zu, hoffentlich reicht es ihnen noch, die
Menschen zu warnen und wegzuholen, denn jetzt sieht
Katharina schon, wie die obersten Tannen, die neben der
frischen Abbruchstelle noch stehen, rücklings in den
Chlagg stürzen und von ihm einfach verschluckt werden wie von einem gefräßigen Bergungeheuer, und wie
der ganze Tannenwald unterhalb der Spalte zu Tale
fährt, wie sich die Bäume überschlagen und von Steinen
überrollt werden, und Katharina versteht nicht, wieso
das alles vollkommen lautlos vor sich geht, als geschähe
es gar nicht wirklich, und jetzt erst erinnert sich der
Berg, daß er ja donnern muß, wenn es wahr sein soll,

und er donnert und rumpelt und poltert und tost, und
der schwarze Sennenhund heult auf, oder ist es Nero
draußen in seiner Hütte, und »Bäsi!« ruft Katharina, aber
Bäsi ist in den Stall gegangen oder auf den Abort, vorhin hatte die Küchentür geknarrt, doch Bäsi kann den
Leuten im Untertal auch nicht helfen, sie müssen selber
fliehen, es ist höchste Zeit, aber vielleicht reicht es noch,
denn neben dem neuen Abbruch, der jetzt in einem
Rauchwirbel verschwindet, ist deutlich zu sehen, daß
der Chlagg noch da ist, also bleibt vielleicht noch ge-
nügend Zeit, wenn die Anna dem Hans-Kaspar das
Neugeborene reicht, damit er schneller rennen kann und
damit sie sich um die Geschwister kümmern kann, und
der Schlitten mit der Mutter wird schon angezogen, vorn
zieht der Ätti, hinten stößt das Grosi, und ringsum
schreien die Menschen vor Entsetzen, denn jetzt endlich
merken sie, daß es sie angeht, jetzt hasten die Menschen
in alle Richtungen davon, gegen die eiserne Brücke, wo
der Schmied mit einem Fuhrwerk bereitsteht, gegen
den Düniberg hinauf, und die jüngeren überholen die
älteren und treiben sie zur Eile an, aber sie bleiben hu-
stend und keuchend stehen, denn der Abbruch hat einen
dichten Staub vor sich hergetrieben, der allen in Nase,
Mund und Augen dringt, aber sie sollten nicht stehen-
bleiben, keinen Augenblick, und jetzt sieht Katharina
das, was die zweite Katharina schon gewußt hat, sie ruft
laut zur Base, die nun wieder in die Stube tritt: »Jeh,
Bäsi, do chunnt öppis ufs Untertal abe!«, denn der große Chlagg, der große Chlagg hält nicht mehr länger,
und er läßt den ganzen Abhang fallen, Katharina würde
sich gern die Ohren zudrücken, wenn sie nicht das kleine Kind halten müßte, denn gleich muß ein Getöse vom
Plattenberg herüberhallen, das man lieber nicht hören

möchte, und da kommt es, ein Windstoß geht ihm voran,
der das Wäldchen unterhalb der »Bleiggen« fast bis auf
den Boden niederdrückt und am Haus rüttelt, daß die
Scheiben klirren und irgendwo Ziegel vom Dach fallen,
und dann erfüllt ein Krachen das Tal, als gingen hundert Gewitter gleichzeitig nieder, und durch die riesige
Staubwolke, die nun den ganzen Plattenberg verhüllt,
sieht Katharina einen gewaltigen, pechschwarzen Felsblock durch die Luft niedersausen, als wäre er ein Stück
morsches Holz, er fliegt weit über das Untertal hinaus,
und da weiß sie, daß alles verloren ist, und daß sie von
ihrer Familie niemanden wiedersehen wird, den Vater
nicht und die Mutter nicht, weder das Neugeborene
noch Kaspar, Regula und Jakob, und daß die Anna nie
mehr ihren Hans-Kaspar küssen wird hinter dem Haus,
und daß sie ihr das Geheimnis von Mann und Frau
nicht mehr erklären wird, und daß das Grosi zwar den
Weg hinuntergegangen ist, aber nicht mehr den Weg
hinaufkommen wird, und daß es auch Züsi und den
Hühnern nichts genützt hatte, daß sie in die »Bleiggen«
gekommen waren, und daß sie nie mehr im großen
Weinfaß stehen und nie mehr im Saal der »Meur« Gir-
landen aufhängen könnte für Musik und Tanz, denn die
»Meur« ertrank in diesem Augenblick in einer Steinflut,
die nie mehr zurückweichen würde, und auch für die
Rhyners gäbe es kein Entrinnen, und weder vom Haus
des oberen noch von dem des unteren Jaggli würde auch
nur ein Fensterladen übrigbleiben, und bei der alten Elsbeth würde es keine Eier mehr zu holen geben, und die
junge Elsbeth wäre von ihrem Kropf erlöst, und der
obere Jaggli würde nie mehr eine Pfeife anzünden, und
Johannes würde kein Schüsselchen mehr leimen und
keinen Sarg mehr zimmern und würde nicht einmal

selbst einen brauchen, denn vom Grunde der Flut würde man niemanden mehr heraufholen können, und die Flut würde bis über den Sernf hinausschwappen, sie würde die eiserne Brücke verschlingen, den Schmied mit dem Hufeisen, das er ihr annageln wollte, würde sie ebenso begraben wie alle Kinder, mit denen Katharina Blindekuh gespielt hatte, und der dummen Anna Elmer würde sie nie mehr sagen können, wieviel sechs weniger fünf gab, nur der freche Oswald, der so oft die Schule schwänzte, wäre mit ein paar Buben nach Matt gelaufen und hätte so auch den Bergsturz geschwänzt, und die Taufgesellschaft der Kläfi würde auch überrascht, die Mutter hülfe noch einigen Kindern zum Fenster hinaus und würde mit ihrem weiß geschmückten Kleinen in der Schürze weggerissen, und die Hebamme mit dem roten Haarbändel, die doch eben erst ihr Schwesterlein aus der Mutter herausgezogen hatte, würde den kleinen Fridolin noch ihrem Mann reichen und würde fast gleichzeitig vom äußersten Stein der Flut erschlagen, und würde sich wenigstens der blinde Meinrad mit der dicken Suworow-Mütze retten können, der sicher alle schlimmen Geräusche rechtzeitig gehört hatte, nein, auch er würde sich nicht retten können und an seinem Fenster sitzend untergehen, denn wer sollte ihm schon helfen, den Weg zu finden, und das alles sah die zweite Katharina, während die erste Katharina mit der Base hinter sich, welche ihr stumm die Hand auf die Schulter legte, und der geretteten Puppenfamilie auf dem Ofen, die fassungslos ins Tal hinunter starrte, auf dem Stubentisch der »Bleiggen« saß und sich von der laut krähenden kleinen Anna, die nun in jeder Hand einen Zopf hatte, so heftig an den Haaren reißen ließ, daß es ihr den Kopf hin- und herschüttelte und ihr die ganze Welt vor den Augen zu einer grollenden schwarzen Wolke verschwamm, und sie wußte nur, daß irgendwo dahinter die zweite Katharina auf einer goldenen Kugel saß, und sie wußte, daß sie von jetzt an all ihre Kraft brauchen würde, um sie nicht zu verlieren.

Nachsatz

Katharina Rhyner-Disch ist 1959 im Alter von 85 Jahren im »Meißenboden« in Elm gestorben, als Mutter zweier Söhne und einer Tochter, und als mehrfache Großmutter und Urgroßmutter.

Ich danke allen Menschen in Elm, Glarus und anderswo, die mir auf der Suche nach der wirklichen Katharina behilflich waren, damit ich sie in meiner Geschichte neu erfinden konnte.

Franz Hohler

Franz Hohler im <u>dtv</u>

»Ich möchte ein Zeitgenosse sein, der dasselbe Augen-
und Ohrenpaar zur Verfügung hat wie alle, die gerade
leben, der aber vielleicht ausspricht, was andere nur
denken. Einer, der auch Unbehagen artikuliert.«

Die blaue Amsel
ISBN 3-423-**12558**-6

Franz Hohlers Geschichten sind Erkundungsreisen. Im ver-
meintlich grauen Alltag entdeckt er die kleinen Wunder und
unerwarteten Abgründe. Mal ernsthaft, mal mit dem
Augenzwinkern, das er auch als Kabarettist so glänzend be-
herrscht.

»Er demonstriert eindrucksvoll, wie kongenial die (wenigstens!) zwei Seelen in der Brust eines derart doppelt kreati-
ven Sprachprofis einander zum Vergnügen des Lesers inspi-
rieren können.« (Tages-Anzeiger)

Die Steinflut
Eine Novelle
ISBN 3-423-**12735**-X

»Auf einzigartig sensible Weise versetzt sich Hohler in die
Seele eines siebenjährigen Mädchens.« (Stuttgarter Zeitung)